Falando
ao
Coração

Edgard Armond

Falando ao Coração

Aliança

2ª edição, Fevereiro/2014, do 6º ao 7º milheiro

Título
Falando ao Coração

Autor
Edgard Armond

Revisão
Antônio Roberto de Carvalho

Diagramação
Bárbara Francis Bugno Gomes

Capa
Gabriel Santos Estevam

Impressão
Rettec Artes Gráficas e Editora Ltda.

Ficha Catalográfica

Dados Internacionais de Catalogação na Publicação (CIP)
— Câmara Brasileira do Livro | SP | Brasil —

Armond, Edgard, 1984-192.
Falando ao Coração / Edgard Armond.
São Paulo : Editora Aliança, 2013.

ISBN: 978-85-8364-002-8

1. Espiritismo 2. Psicografia 3. Romance espírita
I. Soares, Marcia de Castro. II. Título.

13-12592 CDD-133.901

Índice para catálogo sistemático:

1. Espiritismo : Doutrinas 133.901

Editora Aliança
Rua Major Diogo, 511 - Bela Vista - São Paulo - SP
CEP 01324-001 | Tel.: (11) 2105-2600 | Fax: (11) 2105-2626
www.editoraalianca.com.br | editora@editoraalianca.com.br

SUMÁRIO

COMENTANDO PENSAMENTOS CONSTRUTIVOS

FALANDO AO CORAÇÃO

FRATERNIDADES DO ESPAÇO

O VALOR DAS MENSAGENS

APRESENTAÇÃO

A Editora Aliança selecionou seis textos[1] de Edgard Armond, focalizando assuntos de interesse para os alunos das Escolas de Aprendizes do Evangelho e membros da FDJ – Fraternidade dos Discípulos de Jesus, da Aliança Espírita Evangélica.

O autor, sob a inspiração de Razin e de outros Espíritos, tornou real a existência das Escolas de Aprendizes do Evangelho, o que vem contribuindo para a difusão do Espiritismo no seu aspecto religioso, oferecendo a todos um método seguro de Reforma Íntima, compreensão das leis divinas e utilização da mediunidade.

No primeiro texto, *Aos Aprendizes*, o autor faz uma série de recomendações aos aprendizes e também aos servidores.

O opúsculo *Aos Discípulos de Jesus* foi escrito para a comemoração dos 30 anos de fundação da Fraternidade dos Discípulos de Jesus, em 29 de maio de 1952, a qual foi inaugurada ao receber em seu seio, em 4 de março de 1954, os ingressantes da primeira turma de Escola de Aprendizes do Evangelho da Federação Espírita do Estado de São Paulo.

---

[1] *Aos Aprendizes*, escrito em 1976, teve uma edição de 3.000 exemplares; *Aos Discípulos de Jesus*, teve duas edições, a 1ª em 1981 com 2.000 exemplares e a 2ª em 1982, com 10.000 exemplares; *Comentando Pensamentos Construtivos* teve uma edição especial em 1980 com 2.000 exemplares; *Falando ao Coração*, teve uma edição especial em 1981 com 2.000 exemplares; *Fraternidades do Espaço* teve uma edição em 1978 de 2.000 exemplares e fez parte integrante do *Vivência do Espiritismo Religioso*, totalizando 18.000 exemplares; *O Valor das Mensagens*, teve uma edição especial em 1980 de 3.000 exemplares (Nota da Editora).

Após 25 anos de atividades na seara espírita, o autor agrupou uma série de comentários sobre vários pensamentos e conceitos no opúsculo *Comentando Pensamentos Construtivos*, Edgard Armond comenta, neste opúsculo, uma seleção primorosa de pensamentos e conceitos de autoria de valiosos autores.

Em *Falando ao Coração* o autor registra os seus pensamentos e conceitos sobre os mais variados temas.

Em *Fraternidades do Espaço*, Edgard Armond trata de assunto privativo e de interesse para alunos das Escolas de Aprendizes do Evangelho e membros da Fraternidade dos Discípulos de Jesus, da Aliança Espírita Evangélica.

O Valor das Mensagens procura estimular o servidor a perseverar em seu trabalho de redenção frente aos acontecimentos que se darão no transcurso deste "ciclo evolutivo de provas e expiações" para o "ciclo de regeneração".

Esta obra é essencial para o aprendiz, e também ao servidor e ao discípulo, esclarecendo pontos específicos e incentivando-os na sua caminhada evolutiva.

Todos que vivenciam o programa das Escolas de Aprendizes do Evangelho devem ler e reler, estudando profundamente esta magnífica obra literária. Os demais leitores terão farto material para entender a violência, o sofrimento, as dores e as doenças, pois o caminho mais suave para vencer esses obstáculos é a evangelização por meio das Escolas de Aprendizes do Evangelho.

São Paulo, março de 2002.
Editora Aliança

AOS APRENDIZES

1
ESPIRITUALIZAÇÃO

Sem a iniciação espiritual da evangelização, ou da espiritualização em geral, por qualquer processo efetivo, a vida humana nada mais representa que um esforço exterior estéril, uma luta inglória, de fugas e rebeldias constantes contra decepções, contrariedades, desilusões, que se repetem interminavelmente e que a torna – a vida – , por fim, sem valor intrínseco e duradouro, incapaz de assegurar aos homens progresso ascensional evolutivo.

Não há felicidade e esperanças em uma vida sem ideais marcados, elevados, com diretrizes certas, no sentido de alvos definidos, com possibilidades de conquistas de bens estáveis, permanentes, após este mundo movediço, flutuante, tumultuoso, muitas vezes desorientador e mortífero. Para que possa atingir seus alvos espirituais, a vida deve ter como objetivos predominantes a fraternidade, a paz e a harmonia.

E isso só pode ser assegurado pela espiritualização, com base no amor universal, em todas as suas formas de manifestação.

É sempre grande a seara de Jesus, que sombras escuras cobrem, à espera de que claridades benévolas a iluminem. Essa é a tarefa maior dos discípulos: levar a luz às trevas.

Os que procuram a fonte da luz verdadeira que verte para a eternidade defrontam, agora, com uma oportunidade rara, que não deve ser desprezada: a semeadura luminosa do Evangelho do Divino Mestre.

E armem-se todos dos fortes recursos da fé e do ideal maior de servir, para lutarem nas batalhas finais deste ciclo expirante, tentando a redenção de seus semelhantes, ainda imaturos de espiritualidade, pois que para isso é que foram preparados e compromissados ante Jesus.

* * *

Aqueles aos quais as dificuldades e os sofrimentos tornaram desencantados, desiludidos ou revoltados, e aqueles que, apesar de já haverem despertado para a vida espiritual, julgam que somente após a morte podem aspirar por vida melhor e mais feliz, devem se convencer de que essa vida mais feliz terá de ser construída por eles próprios, agora e aqui, lutando pela sua espiritualização autêntica e real, por meio da Reforma Íntima, nas Escolas de Aprendizes do Evangelho, criadas e abertas justamente para isso.

Inútil será desejarem melhor situação no Plano Espiritual, após a morte física, sem os esforços espiritualizantes desta encarnação, pois que é justamente para isso que encarnaram; inútil se não construírem nessa dignificante tarefa, ao menos um modesto alicerce.

Cada um de nós, com sua conduta, resgata seu passado, constrói o seu futuro e edifica a vida que levará, depois do desencarne, nos Planos Espirituais. A cada um, segundo suas obras; essa é a regra, e nada a alterará, pois que por ela se cumpre, com todo rigor, a justiça de Deus.

* * *

Segundo escreveu Hilarion: logo após o homem – o mais evoluído dos seres que vivem na Terra – estão os Espíritos denominados Anjos Guardiães. Na sua posição, o homem tem um pé no umbral do templo angélico, e outro nas pradarias em que campeiam os animais irracionais. É um cântaro de barro, dentro do qual existe forte mistura de belezas e ruindades.

Mas aquele que se fez discípulo de Jesus e vive segundo a lei e o dever espirituais, diariamente elimina as ruindades, purifica seu cântaro e em breve o apresentará repleto somente de luzes.

Escola de Aprendizes do Evangelho

A Escola de Aprendizes do Evangelho prepara e purifica o Espírito para o ingresso em vidas mais perfeitas, na comunhão de todos os dias com Deus, despertando a consciência interna para que vibre em sintonia com os planos espirituais mais elevados, de onde proviemos e para onde estamos voltando a todo momento que passa, à medida que nos devotamos ao nosso aperfeiçoamento.

O problema importante é a sintonia com esses planos maiores, fugindo à dominação das inferioridades, que estão sempre mais ao nosso alcance e que nos atraem com muito mais intensidade, porque tocam mais diretamente nos pontos sensíveis de nossas imperfeições congênitas.

A passagem por este mundo material é justamente a preparação, o despertamento espiritual para essa vida melhor, após os acertos de contas dos resgates, que nunca falham.

Milhões de seres humanos, por todo o mundo, estão, entretanto, alheios a estas verdades e a estas preocupações que afligem os aprendizes: desconhecem-nas, porque a materialidade os absorve e os cega, e os torna insensíveis a coisas mais elevadas.

São escravos do que já foi e não se preparam para o que há de vir e, por isso, para essa maioria, a vida é um mistério impenetrável, e a morte um salto no escuro do abismo do nada.

Não amadureceram ainda para a vida gloriosa dos mundos espirituais, mas quantos deles não anseiam por isso sem o perceberem; invejam os que já o fizeram, mas não se dispõem a agir no mesmo sentido, para o conseguirem, por estarem mergulhados na nebulosidade das crenças e superstições primitivas ou negações do materialismo ateu.

Este é também um campo de trabalho que espera o esforço dos discípulos, conquanto precário seja o fruto a colher, pela má qualidade do terreno a semear.

Na Escola de Aprendizes do Evangelho e nas pregações doutrinárias, quando nos referimos ao Evangelho de Jesus, consideramos o conteúdo moral e iniciático dos ensinamentos e não, indistintamente, a tudo quanto consta do livro, pois que este sofreu muitas adulterações.

Se fosse necessário escrever Seus ensinamentos, Jesus o teria feito, mas preferiu evitá-lo, para não favorecer as adulterações que certamente se dariam no futuro.

Bastaria deixar esses ensinamentos indeléveis nos fatos inumeráveis de Sua vida dedicada ao Bem, no Seu sacrifício na Cruz, e ainda no derrame da mediunidade sobre Seus apóstolos, como foi exemplificado no Pentecostes com os prosseguimentos que, a partir daí, se foram dando e perduram até nossos dias.

Por isso, ao organizar a Escola de Aprendizes do Evangelho e a Fraternidade dos Discípulos de Jesus, sugerimos para seus estatutos *O Sermão do Monte*, ampliação em maior escala dos *Dez Mandamentos* de Moisés, no Sinai.

Deve ter-se em conta, no Evangelho, sobretudo o que foi dito pessoalmente por Jesus, e ater-se às revelações provindas da mediunidade legítima, referidas nos citados códigos espirituais.

* * *

A época em que vivemos é de confusões, desorientação, apreensões e temores do futuro, mas o Aprendiz do Evangelho já traçou seu roteiro e dele não se desviará, mesmo porque, por mais que busque em torno, não encontrará caminhos mais claros, limpos e seguros, justamente como afirmou Pedro, ao ser interrogado por Jesus, sobre se eles, os apóstolos, também o abandonariam, como outros muitos o estavam fazendo: "Abandonar a Ti, Senhor, e ir para onde? Só Tu tens palavras de vida eterna".

Pois é a mesma linha traçada por Jesus, esta que os alunos desta Escola seguem hoje, e não terão também onde procurar melhor orientação espiritual, para a sua redenção. O que resta é permanecer nas rotas que o Divino Mestre traçou a seus discípulos, as únicas que levarão diretamente às alegrias do Seu reino de glória e de paz eternas.

Qualquer outra diretriz é sempre duvidosa, insegura, frágil em relação aos ventos que estão começando a soprar, prenunciando as tempestades dos tempos previstos.

Semear a boa semente é dever de todo bom trabalhador do Cristo.

Tendo sido criadas em 1950, as Escolas de Aprendizes do Evangelho, seria de esperar que, nos dias atuais, centenas delas existissem por toda parte, sendo essa também a esperança do Plano Espiritual que, no terreno da difusão evangélica, não marca limites estreitos ou privilégios de qualquer natureza.

Mas, como houve retardamentos, devemos todos nos esforçar para recuperar o tempo perdido, intensificando as aberturas o mais que for possível, como dever inalienável a cumprir ante o Divino Mestre que, perante Deus, é responsável pela evolução desta nossa humanidade, porque agora uma consciência de responsabilidade pessoal, no sentido de redenção, já está se formando, sobretudo entre a mocidade, existindo milhares de discípulos em potencial, aguardando orientação espiritual adequada ao esforço de redenção e não somente de intelectualização.

Esses candidatos em potencial são elementos excelentes de ajuda para essa campanha de aberturas de evangelização popular, que deverá ser o alvo principal das instituições que se dedicarem a esse grandioso empreendimento.

E os mais responsáveis são aqueles que já muito receberam no sentido do despertamento para as verdades imortais da vida espiritual.

* * *

Quando organizamos a Escola de Aprendizes do Evangelho, como elemento hábil à disposição do Plano Maior, estabelecemos esses dois graus preparatórios de "aprendiz" e "servidor", visando as preliminares de adaptação ao ambiente novo, ao processo novo de iniciação e a conveniência do esforço conduzido pelo próprio aprendiz, interessado na Reforma Íntima; também ao adestramento da vontade e da perseverança na luta contra si mesmo; e à afirmação de si próprio como elemento autorresponsável sobre o controle da carne e dos hábitos comuns a modificar ou eliminar, dentre os quais os mais perniciosos e disseminados como o fumo, o alcoolismo, o jogo, o sensualismo, a maledicência e outros mais.

Durante o aprendizado, o esforço seria feito, as convicções seriam firmadas no íntimo de cada um, e as metas alcançadas gradativamente.

Como não era um curso comum de preparação material, o aprendiz teria tempo para adestrar suas forças, sem temor a represálias, terçar armas contra si mesmo e provar a si próprio que estava combatendo por decisão própria, sem engodos ou forçamentos, visando seu próprio engrandecimento espiritual e sua libertação, recebendo, para isso, toda a ajuda no sentido de vencer a si mesmo e alcançar as metas visadas.

Essa liberdade de escolha e de opção dava ao aprendiz uma alta noção de autorresponsabilidade e novas disposições para a luta árdua da própria evangelização.

Mas, ao mesmo tempo, ele encontraria, nessa iniciação, tolerância relativa referente aos defeitos morais, porque estes não dependem da simples vontade do aprendiz: são estigmas do passado, arraigados ao corpo espiritual, advindos da animalidade anterior, e necessitam de adestramento de vontade e de valores morais para serem erradicados. Essa compreensão de dificuldades inspirava coragem ao aprendiz e lhe assegurava auxílio poderoso para a vitória final sobre si mesmo.

* * *

Já se tem notado que na Escola de Aprendizes do Evangelho matriculam-se muitos, perseveram numerosos deles até certo ponto e, somente dois terços, aproximadamente, obtêm a láurea cobiçada de Discípulos de Jesus.

Para obterem êxito, é preciso que os aprendizes compreendam que esta não é uma escola comum e, eles, discípulos comuns. Não é escola de preparação para triunfos na vida material. Conquanto não se desprezem as contingências dessa vida material, na qual todos vivemos, todavia nesta Escola prepara-se o aluno justamente para o desprendimento do mundo material, formação de uma mentalidade mística no sentido idealista, visando a vivência e a tomada de posições mais elevadas no mundo espiritual.

Programa diferente, métodos diferentes de ensino e diferentes finalidades: em vez de formação de uma hierarquia dominante no setor intelectual, ou de bens, riquezas, poderes e posições materiais, a conquista de melhores sentimentos, de virtudes morais, bens do Espírito, capacidade de sacrifício pelos semelhantes, coragem para renunciar inclusive ao bem-estar físico, quando necessário.

Nestas condições, os valores são diferentes, com predominância dos referentes ao Espírito e não ao corpo físico; ao mundo espiritual e não ao intelectual porque, negando-se o Espírito, semeiam-se sementes que alimentam fraquezas humanas e não as verdades do Mundo Maior.

Por isso, os alunos são diferentes: trabalham no campo do coração e não somente no do cérebro. A glória do seu trabalho é certa e de longa duração, ao passo que transitório é o êxito no mundo material, e seus aderentes desencarnam muitas vezes em piores condições do que quando chegaram, porque desbaratam seu tempo e pouco fazem, do muito que podem, no burilamento do Espírito, que é o motivo da própria encarnação.

* * *

Não é em todos os mundos que o amor prevalece ou se torna alvo a atingir para apressar a evolução dos seres humanos; há outros em que muito diferentes são as condições de vida física e moral e nos quais, bem ao contrário, prevalecem a força, a violência, as lutas incessantes de recíproco extermínio, a vida decorre em constante amargura e terror e onde a lei da Justiça Divina se exerce drasticamente.

Daí compreenderem os aprendizes o quanto somos felizes em viver na Terra e havermos merecido a orientação de um missionário como Jesus, que estabeleceu aqui as regras e os fundamentos da vida e da evolução pelo bem e pelo amor.

Daí também compreenderem a significação elevada da Escola de Aprendizes do Evangelho, que justamente prepara os alunos para o exercício dessa vivência mais perfeita e geradora de evolução mais rápida, rumo aos páramos espirituais luminosos do Reino de Deus.

A única força que pode alterar o pleno exercício da Lei Divina na vida humana é o livre-arbítrio, que assegura ao homem plena liberdade de ação, mas, por isso mesmo, quando seus atos ultrapassam determinados limites, rigorosa se faz sobre ele a Justiça Divina; e quando, ante as reações naturais da Eterna Lei, o homem persevera, se rebela de forma permanente, irreconciliável, terríveis são as consequências que sobre ele se precipitam.

Nos universos, tudo ocupa seus lugares certos e justos e a Eterna Lei que regula a criação assegura essa regularidade, somente quebrada, como dissemos, pelos pensamentos humanos de acordo com o livre-arbítrio que é também atributo humano a respeitar e compreender.

* * *

Pesquisas científicas realizadas há pouco tempo no Mediterrâneo, pelo Instituto Federal de Tecnologia de Zurich – Suíça – com base no navio sonda Glomar

Chalenge, para conhecimento do leito desse mar revelaram que, há mais ou menos seis milhões de anos, esse leito era seco e que o rompimento da barreira montanhosa existente na região hoje chamada Gibraltar, por efeito de cataclismo[1] geológico, deve ter provocado o enchimento dessa enorme bacia formando-se, no lugar da ruptura, uma catarata enorme, devido ao desnível existente com o leito do Atlântico.

Outra descoberta científica moderna que comprova esse rompimento é o fato de animais de grande porte, como cavalos e rinocerontes, próprios do continente africano, terem atravessado o ístmo antigo, e passado para a península ibérica e várias ilhas desse mar como, entre outras, Chipre.

Estas descobertas confirmam, até certo ponto, a matéria ensinada nas Escolas de Aprendizes do Evangelho, nos três primeiros pontos do seu programa.

* * *

Uma das mais rigorosas instruções a seguir pelos aprendizes é respeitar sempre os semelhantes, sejam eles quem forem; evitar toda curiosidade e interferência nas suas vidas e nos seus atos, a não ser quando solicitados, pois que o livre-arbítrio e o modo de entendê-lo e de

---

[1] Ver capítulo 9 de *Na Cortina do Tempo*, do mesmo autor (Nota da Editora).

executá-lo, tem considerável importância no futuro de cada um.

Esta regra deve ser ainda mais rigorosa em se tratando de médiuns.

Na generalizada descrença e desorientação espiritual e na falta de unidade dos homens entre si, os discípulos de Jesus, preparados nas Escolas de Aprendizes do Evangelho, deverão ser exemplos de união, fraternidade, antídotos contra vícios e maus costumes, combatendo a depravação que leva as almas para os abismos do materialismo cego e descrente.

Serão porta-vozes do Divino Mestre, pontos de aglutinação em torno do Evangelho de Jesus, elementos úteis e preciosos de orientação espiritual, de aconselhamento, de encaminhamento, para metas seguras e acolhedoras.

Por seu intermédio, milhares desses necessitados serão esclarecidos, socorridos e postos, com amoroso desvelo, nos caminhos da redenção.

Por isso, devem se devotar, o mais que lhes for possível, à sua reforma moral, ao aprimoramento dos seus valores psíquicos, que lhes serão armas flexíveis e eficientes nesse trabalho futuro de espiritualização dos semelhantes; e se tiverem realizado essa preparação íntima, com rigorosa fidelidade, certamente que poderão falar em nome do Divino Mestre e agir como verdadeiros discípulos.

* * *

Nas Escolas de Aprendizes do Evangelho, o que se deve ensinar aos alunos, desde as primeiras aulas, é a necessidade do desinteresse, o desprendimento pessoal em relação às coisas efêmeras do mundo material e, contrariamente, o devotamento às formas de vida concordantes com as leis de Deus, que o Evangelho aponta com clareza meridiana.

O Bem

É tão poderosa a ação individual no sentido do Bem que, por pequena que seja a parte que lhe dermos em nossa vida, no esforço de evangelização, isso já nos livrará de muitos sofrimentos presentes e futuros.

O Aprendiz e o Evangelho

Quem se deixa dominar pelas tramas do mundo material, sem outro escopo que isso mesmo, e nas quais, por fim, se deleita, é um cego ante a Verdade, mas abrirá seus olhos se decidir-se pelos caminhos retos do Evangelho; e disso jamais se arrependerá, porque a felicidade não está nos prazeres efêmeros deste mundo, mas na paz interior, na harmonia íntima, na pureza dos pensamentos, na retidão dos atos, na consciência limpa de remorsos ou de apreensões.

Quem tem o coração limpo, tem a paz interna, mesmo quando o mundo exterior esteja envolto em chamas.

* * *

Escravizar a vontade de alguém, dominar seus pensamentos e manietar sua consciência, são atitudes que representam crimes contra o Espírito, para os quais não há perdão.

Respeitar a vontade, o pensamento e a consciência dos nossos semelhantes é dever de todos nós e se inclui no "Amai-vos uns aos outros" recomendado pelo Divino Mestre Jesus, e deve ser preocupação constante dos Aprendizes do Evangelho, para que não se retarde o progresso alheio, não se atrofiem faculdades psíquicas, não se interfira na liberdade de cada um poder seguir os seus próprios caminhos.

A propagação do Evangelho, que é dever imperativo dos aprendizes e discípulos, deve ser feita como auxílio evolutivo, sem forçamentos, mesmo porque nem todos compreendem ou sentem as coisas da mesma forma.

Ao falar e escrever, que são meios válidos e justos, devem proceder como o semeador da parábola e não como impositor doutrinário. Falando ou escrevendo, muitas vezes influímos nas vidas alheias, modificamos pensamentos e rumos, e tanto poderemos acelerar como retardar o progresso evolutivo alheio.

É conveniente, também, ter em conta outra conduta que nem sempre resultará favorável, que é transmitir ensinamentos de natureza acima da compreensão dos ouvintes, que poderão utilizá-los num sentido errado e prejudicial a si mesmos e aos outros.

A pedra de toque para todos os casos, o elemento que erradica todas as dúvidas e afasta quaisquer responsabilidades é a aferição dos ensinamentos que transmitimos, pelo Evangelho, na parte transmitida pessoalmente por Jesus. Aí, encontraremos segurança, autenticidade, sabedoria para transmitir e para exemplificar.

Nos planos etéreos, os pensamentos maldosos emitidos contra outras pessoas, por Espíritos retardados que ignoram ou desprezam os valores espirituais, acionam forças e energias que, de princípio neutras, se tornam então violentas e agressivas e tomam formas horríveis as quais, via de regra, se voltam a qualquer tempo contra seus emissores, atacando-os quando encarnados ou desencarnados.

Esse é o capítulo conhecido como "retorno".

* * *

Muitos, e até mesmo confrades respeitáveis, mostram-se infensos aos esforços da evangelização compulsória, esquecendo-se de que evangelizar-se é provar maior compreensão da vida espiritual. Visível é o descambar do mundo para o selecionamento de valores espirituais e, à hora das grandes decisões estarmos todos impossibilitados de tomá-las com acerto, compulsoriamente, face à emergência inevitável.

O correto, pois, é entrarmos desde já na devida preparação, operando em nós as transformações morais indispensáveis.

É bem visível o fato de que a ciência de hoje não concorre para uma vida futura mais feliz, nem mesmo pode assegurar sua própria sobrevivência, porque trabalha em campo diferente; como igualmente visível é que religiões e filosofias simplesmente teóricas ou dogmáticas também não o fazem, porque não podem, distanciadas, como muitas estão, das verdades espirituais.

E neste panorama melancólico, o Evangelho é o único recurso à mão que oferece segurança, porque sua prática independe de qualquer sujeição partidária ou doutrinária; tem atravessado séculos de perseguições, tumultos e misérias para chegar até nós e com seus valores ainda acrescentados e de acessibilidade cada vez maior, bastando simplesmente que desejemos aceitá-lo, cultuá-lo e exercê-lo.

É, pois, com esta oferta preciosa nas mãos que os aprendizes podem sair a campo, como arautos do Divino Mestre, cooperadores selecionados para o serviço do Bem e para o encaminhamento espiritual desta humanidade sofredora.

* * *

Os que recusam o Evangelho de Jesus prejudicam o mundo, convertem-no em um deserto frio e escuro e destroem a si mesmos, afundando na materialidade.

Felizes os que têm compreensão aberta às verdades espirituais, que têm seu melhor fulcro de realizações na vivência evangélica.

* * *

Na vida espiritual, o sólido e firme é o Evangelho, código de amor e de fé já provado por milhões de seres, e que venceu; triunfou do tempo e do materialismo, da confusão, da descrença, da corrupção e da morte e da própria ciência que afirma orgulhosamente o triunfo da inteligência sobre a Natureza mas que, todavia, só permanecerá vitoriosa se levar em conta as leis divinas que regem a vida espiritual em todos os universos.

* * *

Um dia qualquer, não se sabe quando, deixaremos este mundo material, passando ao nosso meio próprio, que é o espiritual; por isso, devemos estar sempre preparados para esse acontecimento.

Aquele que se fez discípulo, é lutador de vida e não de morte e, em quaisquer circunstâncias ou posições, prossegue realizando seu esforço pacífico e nobre, pelas rotas que o Evangelho lhe traçou, tendo como dever principal, o exercício do Bem aos seus semelhantes.

2
CIVILIZAÇÕES

À época em que a humanidade pré-histórica habitava regiões primitivas e selvagens do globo, onde a vida social mal se esboçava, as forças da Natureza livremente explodiam por toda parte, provocando tumultuosas transformações no céu e na Terra, para que esta ganhasse o equilíbrio necessário à sua própria estabilidade.

Nessa época[2], na região a sudeste no globo, esses tumultos eram mais terríveis, apavorando os primitivos habitantes, que a chamavam de Terra Queimada, ou Kremúria, nome que mais tarde mudou-se para Lemúria, o continente lendário, onde formou-se a Terceira Raça-Mãe, de existência hoje contestada por muitos dos que preferem cingir-se aos decretos da ciência materialista.

* * *

Para Moisés que falava, à sua época, com profundo conhecimento da tradição espiritual do mundo, três

[2] Ver *Os Exilados da Capela*, do mesmo autor, onde há um clássico detalhamento do assunto (Nota da Editora).

civilizações anteriores fracassaram, por desviamentos da finalidade fundamental da vida humana na Terra, a saber: a Lemuriana, a Atlante e a Sumeriana, esta última alcançando, também, a Hélade pré-histórica.

E agora, em nossos dias, que dizer das civilizações que vieram depois destas e ainda desfilam aos nossos olhos: a que ele tentou, com a criação e a hegemonia do povo hebreu, após dezenas de anos de orientação religiosa nos desertos arábicos e que hoje se reduz a um povo simplesmente deprimido, perseguido? A civilização chamada cristã, nascida da pregação e da morte na cruz do Divino Mestre Jesus e que hoje se diz contar com 800 milhões de adeptos?

Alguma delas atingiu seu alvo e aproximou os homens de Deus, seguindo e vivendo sob suas sábias e redentoras ensinanças?

Como a resposta é negativa, deste fato podemos concluir que essas civilizações representam progresso material sendo, da mesma forma, transitórias e perecíveis, nenhuma delas havendo conseguido levar os homens ao cumprimento das leis divinas imutáveis e eternas, das quais o Evangelho de Jesus é padrão imortal, que fala à alma, não ao corpo, prepara para a vida definitiva no reino de Deus e não na Terra.

Com todas as incompreensões, limitações e dificuldades que possam ser apontadas, este é o objetivo das Escolas de Aprendizes do Evangelho, por meio do esforço edificante da Reforma Íntima, poderoso meio de conscientização do problema maior da vida humana que é a espiritualização individual, em todos os seus aspectos e consequências.

Deus

Deus – a Eterna Potência Criadora – é dono absoluto e único da existência universal em todos os seus aspectos.

Estabeleceu leis reguladoras dessa criação e exige respeito e rigoroso cumprimento delas.

Mas como a criação, em si mesma, é uma doação divina aos seres criados, um ato de bondade, o amor fica sendo a lei maior e, em torno dela tudo gira, palpita e vive, obedecendo a um ritmo harmonioso e constante.

Utilizando a inteligência, produzimos muitas coisas, quase sempre transitórias; mas no que se refere às Leis Divinas tudo é verdadeiro, eterno e elas se cumprem sempre até o último item, como ensinava Jesus.

Esta é a suprema garantia de felicidade futura que todos herdamos desde que, bem entendido, respeitemos e vivamos de conformidade com a Lei fundamental do Amor, que é o alento da Criação.

* * *

Frase proferida por um profeta da pré-história:

“Seres todos desta Terra, para todos vós fala a voz eterna e diz: Meus pensamentos não são vossos pensamentos, nem meus caminhos são os vossos caminhos”.

Esta frase mostra a distância espiritual imensa que existe entre Deus – A Potência Criadora – fonte eterna e incomensurável de amor e de luz, e as criaturas humanas de inferior evolução, carregadas de máculas, falhas morais, imperfeições de toda espécie, pensamentos negativos e mesquinhos.

Isso também mostra como Jesus reduziu grandemente essa distância, dando de Deus o aspecto acessível da paternidade universal, morrendo na cruz para que nele víssemos o testemunho da verdade maior, legando-nos ainda o código da moral perfeita que é o Evangelho, no qual nos indica os meios de nos aproximarmos mais depressa da fonte divina de origem e o caminho mais curto dessa aproximação por ser Ele mesmo esse caminho.

Só nos resta, então, segui-lo, evangelizando-nos, de forma suave, mas segura e eficiente, nas Escolas de Aprendizes do Evangelho, nelas nos inscrevendo, não para estudos teóricos ou de simples curiosidade, mas de coração aberto, firmemente dispostos a nos preparar, transformando-nos moralmente para sermos discípulos.

Ciclos Evolutivos

São de 25.920 anos os grandes ciclos evolutivos da humanidade[3], que se dividem em ciclos menores de

[3] Ver temas 49 e 89 de *Lendo e Aprendendo*, do mesmo autor (Nota da Editora).

2.160 anos, abrangendo acontecimentos referentes a raças, povos e nações.

São os Espíritos de Justiça que presidem a essas transformações periódicas, interessando à vida material dos orbes e das humanidades, em sentido global.

* * *

Neste final de ciclo evolutivo, grande parte da humanidade ainda permanece afastada dos ideais cristãos verdadeiros, proclamados por Jesus, preferindo seguir caminhos ínvios e perigosos, ou negando, até mesmo, as leis divinas.

Isto, aliás, já foi previsto pelos profetas antigos, inclusive Moisés – o insigne missionário que conduziu um povo bárbaro à crença final de um deus único.

Ao refugiar-se no monte Nebo, ao término de sua heroica tarefa, tendo ante os olhos clarividentes o panorama do futuro, escreveu: "O povo de Israel, que recebeu meu legado, é de dura cerviz e a Lei o espalhará como pó a todos os ventos da Terra. Mas outro virá um dia, pela última vez, e então, ai daqueles que o não escutem e o sigam, porque não haverá remissão possível em imensas idades".

E esse outro predito, veio, e os ensinamentos redentores que nos legou são os mesmos que o Espiritismo difunde e a Aliança Espírita Evangélica ajuda a efetivar, com a preparação rigorosa de discípulos evangelizados.

3
INVOLUÇÃO E EVOLUÇÃO

A descida, a queda angélica, símbolo da involução, a precipitação da mônada nos vórtices vibratórios, inferiores do Cosmo, é fenômeno que cessa no reino mineral, onde se inicia a ascensão de volta às origens, nos planos divinos. Essa ascensão exige o abandono progressivo dos envoltórios fluídicos que concorreram a essa involução, para que a alma, cada vez mais leve e mais pura, ascenda às suas origens, na eternidade do tempo.

Nessa ascensão demorada e custosa, um elemento decisivo e poderoso é o Amor, que afirma sua preponderância quando o Espírito consegue transcender o campo meramente individual e se projeta na comunhão da vida coletiva, desprezando o instinto de separatividade e de sectarismo no entendimento religioso, que deve ir sendo, desde logo, universalizado.

* * *

Deus sabe tudo, sente tudo e está presente em tudo e, o que ocorre em qualquer parte do Universo, contém-se no binômio Criador-Criatura.

"Se arrancarmos um fio de cabelo da perna", o cérebro não está presente ao ato, não sente e não reage? Esta simples imagem não deixa compreender que nos universos predominam interligações e unidade perfeita com o Criador?

Se as diferentes condições evolutivas dos seres estabelecem separações, afastamentos, repulsas, isto é simplesmente aparente, circunstancial e transitório pois, no fundo, a unidade predomina.

Vida significa presença da chispa de luz divina nos seres, encarnados ou não, e isto quer dizer que tudo está interligado a Deus, e que se todos e todas as coisas têm a mesma origem, o mesmo princípio, logicamente, terão o mesmo fim.

Como, pois, admitir-se egoísmo, orgulho, separação do ponto de vista evolutivo universal e eterno?

Quando o aprendiz incorpora este conhecimento e sente essa unidade, muda sua concepção da vida, percebe que se opera em si mesmo profundas transformações e torna-se, por fim, testemunho vivo das leis divinas na Terra, arauto dessas leis entre seus semelhantes, foco permanente dessa luz que é harmonia, paz, amor e felicidade.

Este é o ensinamento que leva à vivência evangélica confiante e permanente e que a Escola de Aprendizes do Evangelho oferece a todos que se inscrevam em suas fileiras, decididos a receber a preparação espiritual indispensável, a se tornarem discípulos de Jesus e membros da Fraternidade que tem esse nome.

* * *

Em condições normais, o Espírito não regride, mas a prática constante, persistente e consciente do mal pode levá-lo a adquirir, quando desencarnado, formas de animais inferiores que condigam com suas próprias qualidades morais e com o seu caráter retardado e inalterável de sentimentos animalizados.

* * *

Assim como o sol derrama sua luz vivificadora sobre florestas, pântanos, planícies, desertos, palácios e casebres da Terra, a tudo iluminando e aquecendo, assim a divina luz do Deus Criador beneficia a todos os seres, bons e maus, ricos e pobres, nos caminhos ásperos e lentos da evolução.

4
O IDEAL DOS APRENDIZES

Em todos os sistemas planetários ainda mal evoluídos existem orbes primitivos, para onde são remetidos os Espíritos que na Terra praticaram, com irredutível persistência, crimes e transgressões graves contra a Lei de Deus e contra seus semelhantes.

Horríveis são as condições em que vivem esses seres naqueles mundos, mormente aqueles que desviaram seus semelhantes de caminhos justos, seduziram, viciaram e perverteram pessoas inexperientes, inocentes, destruindo nas almas a fé e a crença em Deus, a tolerância e o amor ao próximo, inoculando nas mentes conhecimentos contrários às verdades espirituais atentando, assim, contra as leis eternas de bondade, de perdão e amor.

* * *

Falando em termos de iniciação real e positiva, podemos resumir dizendo que, em nós, há um **eu** inferior, símbolo ancestral da animalidade, da baixeza, das falhas morais, dos vícios, e que vencer esse **eu** inferior deve ser o ideal dos aprendizes; o mesmo que dizer: triunfar de si mesmos é assegurar o êxito da iniciação, que os levará a libertar-se dos mundos inferiores, onde a vida é dolorosa, estreita e sombria.

5
MESSIAS PLANETÁRIOS

As grandes inteligências que prestam ajuda aos Guias da Humanidade – messias planetários – dedicando-se a essas tarefas durante séculos, são auxiliados por legiões de colaboradores, que foram seus auxiliares e discípulos em encarnações anteriores.

Esses colaboradores formam fraternidades e comunidades de várias espécies, que também cooperam em obras espirituais, em planetas do nosso sistema.

* * *

Não só masculinos, mas também femininos, são os messias, ou Espíritos planetários, que habitam as esferas elevadas dos mundos superiores; como também, desses mundos superiores, são os Espíritos criadores de formas, que, das ondas de energias divinas, tiram as substâncias vivas com as quais modelam os protótipos dos seres que formarão as espécies que povoarão os mundos em formação.

* * *

Uma coorte de Espíritos de alta hierarquia denominada Círio de Piedade, derrama no astral da Terra ondas imensas de amor divino para auxílio e refrigério dos milhares de sofredores que ali existem, como também para encarnados da crosta, calmando sofrimento de resgates dolorosos e auxiliando em todos os sentidos a evolução da humanidade, por meio das dádivas de amor purificado.

Essa hierarquia de Espíritos representa um estágio bem avançado nos caminhos que levam ao mundo dos messias, reino dos Espíritos ungidos de Deus para o governo e a redenção das humanidades que habitam os mundos componentes do nosso sistema planetário.

6
O AMOR

Quanto mais elevados são os Espíritos, mais sensíveis são ao amor, que é a lei básica da Criação Divina.

Para nós, nos mundos baixos, o amor espiritual deve ser como a irradiação que emitimos dos corações e que, lentamente, vai abrindo caminho para Deus; quanto mais amamos, com amor verdadeiro e puro, mais se estende essa irradiação em torno de nós, e cada vez mais nos aproximamos de esferas vibratórias mais altas, sintonizando-nos com entidades espirituais mais elevadas.

Quanto mais amor temos, mais luz somos, porque mais exteriorizamos a partícula divina que em nós existe.

* * *

Sabendo que a lei principal da Criação de Deus é o amor, tudo o quanto esteja fora dessa lei deve ser por ele recusado e, desta forma, sua conduta é inalterável, pois que segue rumos bem marcados.

Ninguém pertence senão a si mesmo e a Deus, o Criador eterno, cujo relógio marca o tempo em todos os universos, para todos os seres: e o discípulo não tem outro caminho que a exemplificação do Evangelho do Cristo e outro alvo que o amor universal, para que seu nome esteja inscrito no Livro da Vida para sempre.

7
EVOLUÇÃO DOS PLANETAS

Assim como sucede com os seres humanos, entre os quais a pureza corresponde à ascensão, os astros evoluem na medida em que seus elementos constitutivos se purificam e se aproximam de seu ponto de volta à energia quando, então, desaparecem como forma visível, mas permanecem como esferas de luz radiante que as Entidades de maior hierarquia utilizam para sua habitação ou local de repouso; ou ainda, essa energia purificada, voltando às origens, os Espíritos criadores das formas delas se servem para a criação de novos protótipos de seres a lançarem sobre os mundos em formação.

8
ALIANÇA ESPÍRITA EVANGÉLICA

A Aliança Espírita Evangélica não é uma instituição comum, de rotina: foi criada para efetivar com segurança, sinceridade e desprendimento, a tarefa de evangelizar, espiritualizar, pela Reforma Íntima, os alunos que desejam se tornar, futuramente, verdadeiros discípulos do Divino Mestre, integrando-se na Fraternidade dos Discípulos de Jesus, campo aberto e livre para as exemplificações, na Terra, dos ensinamentos do Divino Mestre.

Visa formar trabalhadores espiritualizados, libertos da cegueira e do fanatismo científico ou religioso, aptos portanto, a difundirem, em espírito e verdade, os esclarecimentos herdados e a orientação espiritual redentora aos que habitam este predestinado país que é o nosso imenso Brasil.

9
RELIGIÃO

Religião, como todos sabem, significa religar a Deus, subir a Deus na evolução; e como Jesus disse que era o Caminho, a Verdade e a Vida e que ninguém iria ao Pai senão por Ele, querendo dizer "senão respeitando Seus ensinamentos", segue-se que ser religioso é evangelizar-se, unir-se a Jesus para que, por Ele, se realize a união com Deus.

Mas como somos uma partícula de Deus, Deus, portanto, estando em nós, é caminhando para dentro de nós, encontrando-nos a nós mesmos, revelando a partícula, a luz de Deus em nós, exteriorizando-a e, neste caso, devidamente purificada e evoluída, que poderemos nos reunir a Deus por intermédio de Jesus.

E como a base moral do Espiritismo é a transformação espiritual dos adeptos, o caráter religioso da Doutrina deve ser o predominante, mesmo porque é o único que assegura a esta humanidade sofredora e espiritualmente atrasada, a união com Deus por intermédio de Jesus, pelos caminhos bem definidos do Evangelho.

* * *

A religião é impulso natural de todos os seres; Jesus jamais se referia a religiões, mas somente a ensinamentos e leis verdadeiras.

O Evangelho aconselha tolerância e perdão para culpas e erros, mas isso quer dizer que devemos tolerar práticas religiosas inferiores e conceitos religiosos ou filosóficos sejam quais forem?

Como cada qual adota a crença para a qual é atraído pela sua condição evolutiva, não nos cabe condenar nem aceitar, acumpliciando-nos com elas. Jesus mesmo não profligou o procedimento de escribas e fariseus?

Mas o fazia porque eles tinham em vista destruir os ensinamentos que Ele derramava no seio do povo, e que acabaram por levá-lo à cruz.

Mas qual foi sua atitude quando crucificado? Foi concordante com esses ensinamentos, quando disse que perdoava os verdugos, porque eles não sabiam o que faziam.

Não condenemos a ignorância, mas ajudemos a combatê-la, espargindo as luzes do conhecimento.

10
ESPÍRITOS MALIGNOS

Satanás é uma alegoria, um símbolo do mal, e Jesus, quando disse a Pedro: "afasta-te de mim, Satanás" prova isso. Jesus também não se referiu às forças das trevas quando disse, no Horto, aos guardas do Sinédrio: "Esta é a hora do príncipe das trevas?"

Mas as trevas, quem as dirige? Um ser mau ou um conjunto deles? Jesus disse: "príncipe das trevas", príncipe, soberano de uma organização terrível e maléfica, que inclui todos os Espíritos malignos que agem no mundo.

11
MÚSICA

Nos mundos mais adiantados e nos planos etéreos, a música é elemento de alto valor espiritual e de deleite psíquico; nos mundos encarnados é mensagem sonora que merece o melhor acolhimento, por ser poderoso auxílio de espiritualização.

Neste sentido é que deve ser utilizada nos trabalhos espíritas, como na Escola de Aprendizes do Evangelho e em outras reuniões semelhantes.

Esta opinião, sabemos que não é a de alguns companheiros, que são infensos à sua utilização, mas acreditamos que, com o tempo e melhor experiência e maturidade espiritual, estas oposições serão retiradas.

12
SEXO

Em nosso belo planeta, atualmente, extensas regiões comportando povos e nações, evoluem de forma lastimável, hajam ou não motivos que expliquem o fenômeno, entregando-se livremente à licenciosidade sexual, exercendo, com auxílio dos mais perfeitos instrumentos de divulgação, extensa propaganda, consciente e deliberada sem perceberem, talvez, que são agentes conscientes ou, na melhor das hipóteses, inconscientes, das forças de desagregação e de combate utilizadas pela Besta apocalíptica contra a propagação e o triunfo dos ideais redentores, que os discípulos de Jesus espalham e exemplificam pelo mundo, com sacrifícios imensos.

O sexualismo é um dos elementos mais poderosos, empregado pelas forças do mal, para combater a espiritualização do mundo, pelo Evangelho de Jesus. E o mundo responde rápida e favoravelmente a esse desiderato, concorrendo para a destruição de si mesmo.

* * *

Sempre foi tendência da humanidade terrena, de tão escassa evolução, no dizer de Espíritos responsáveis, materializar o que é imaterial, rebaixar ao nível dos sentidos físicos o que está destinado unicamente ao domínio da mente.

AOS DISCÍPULOS
DE JESUS

1
PREÂMBULO

A organização da Federação Espírita do Estado de São Paulo, iniciada em 1940, teve seu ponto alto, seu coroamento auspicioso com a fundação da Fraternidade dos Discípulos de Jesus, em 29 de maio de 1952 e ao receber em seu seio, em 1954, a primeira turma da Escola de Aprendizes do Evangelho.

Este acontecimento integrou a organização da Casa, dotando-a, além disso, de todos os recursos de que carecia para o êxito da transcendente tarefa iniciática evangélica que deveria executar em nosso Estado.

Hoje, passados 30 anos de sua criação e Fraternidade, já contando com número considerável de discípulos, volta-se expectante para o futuro próximo, na esperança de que cada discípulo já tenha amadurecido espiritualmente o suficiente para o desempenho do trabalho que dele se espera e o cumprimento fiel dos testemunhos que deve dar como servo e porta-voz humilde, mas, consciente, do divino mestre Jesus Cristo, na Terra.

São Paulo, 1982

O autor

2
AOS DISCÍPULOS DE JESUS

No desempenho de suas tarefas, os discípulos têm vários assuntos a preocupá-los, dentre os quais destacamos os mais importantes, que são os seguintes:

3
DIFUSÃO DAS VERDADES EVANGÉLICAS

Somos todos membros da Aliança Espírita Evangélica e trabalhamos para sua mesma finalidade, que é justamente esta, a saber: esclarecer espiritualmente o maior número possível de pessoas e expandir o Cristianismo verdadeiro, cuja meta fundamental é a redenção da humanidade.

O discípulo deve agir como porta-voz do Divino Mestre, divulgador de seus ensinamentos redentores e isso ocorre dentro da tarefa maior da Fraternidade dos Discípulos de Jesus, que é se transformar, com a Aliança, em poderosa coluna de sustentação do Espiritismo religioso em nosso país.

Os discípulos, agindo com eficiência e devotamento no seio da sociedade, serão valiosos cooperadores e artífices desse grandioso empreendimento espiritual.

4
ESCLARECIMENTO ESPIRITUAL

Apoiando-se na estrutura da própria Doutrina Espírita, que comporta a existência de diferentes setores de opiniões ou preferências (aparentemente divergentes, mas solidárias entre si na unidade da Codificação), e que se manifestam ora na forma, ora no fundo, e nos modos diferentes de crer e de interpretá-la: uns preferem o esforço mais suave, alegando que o próprio Mestre o recomendou quando diz: "O meu jugo é suave e o meu fardo é leve"; outros, melhor inspirados, optam pelo esforço mais intenso, na esperança de se purificarem mais depressa e mais depressa se libertarem de seus débitos e inferioridades pregressas.

Entre outras razões e para, justamente, fugir desse regime de opiniões de caráter pessoal, é que se criou a Aliança Espírita Evangélica, em 1973, concentrando-se na parte religiosa todas as atividades daqueles que podem se colocar acima das flutuações e instabilidades meramente humanas e materiais.

Optamos nessa ocasião pela adesão plena e integral aos ensinamentos do Divino Mestre, certos de que abraçávamos o mais elevado e o mais verdadeiro dentre os valores humanizados e divinos.

O trabalho do discípulo, quando bem executado, é difundir a verdade espiritual e dar-lhe testemunho com seus próprios pensamentos, sentimentos e atos, isto é, dar testemunho de si mesmo, mostrando como se pode conseguir a Reforma Íntima e a consequente espiritualização pela vivência evangélica pura e simples, sem ostentação e com alto sentido de humildade, buscando sempre, sob a vigilância da própria consciência, testemunhar pessoalmente esses ensinamentos redentores.

5
SERVIR

Às pessoas ou comunidades junto às quais agir, deve o discípulo oferecer também, como um samaritano, seu precioso concurso, ouvindo, aconselhando, servindo em tudo que possa, para que não seja unicamente uma boca que fala e promete.

Não se deve esquecer, entre outras coisas, de divulgar o Evangelho no Lar e a "Vibração diária das 22 horas", e mostrar como fazê-lo em ligação direta com os companheiros da Fraternidade dos Discípulos de Jesus, salientando o imenso contingente de forças benéficas que esse trabalho e essa vibração oferecem a todos os que os executam. Nessa mesma atividade samaritana, deve atender doentes no local ou encaminhá-los a grupos de trabalhos de cura espiritual organizados mais amplamente, deixando assim nos corações, ao retirar-se, amplos e valiosos recursos de consolação e de novas esperanças de vida melhor.

E por muitas outras maneiras pode agir para o bem dos semelhantes, inclusive e sobretudo no combate aos vícios e defeitos morais deprimentes como, também, defender a sobrevivência da família cristã, setor fundamental da sociedade, mas atualmente em franca e desoladora desagregação. Tudo isso se enquadra na ação evangélica e concorre a tornar meritório e de êxito seguro o trabalho do discípulo.

É comum e natural que os discípulos, no início de suas atividades, não saibam como agir mais acertadamente, mas terão no Evangelho uma indicação clara e simples do próprio Divino Mestre ao despedir aqueles que iniciavam a primeira jornada pública de propagação dos Seus ensinamentos redentores.

Não se preocupem com custosas preparações e ofereçam as palavras de salvação a todos os que desejarem ouvi-la. Quando entrarem nas residências procurem servir ensinando as verdades que, como discípulos, já conhecem, esparzindo as bênçãos do Pai Criador para que, ao partir, permaneçam ali as novas esperanças espirituais e as luzes santificantes do Evangelho.

Mas se forem mal recebidos, abandonem a casa e "sacudam à porta a poeira dos seus sapatos", prosseguindo calmamente sua jornada e buscando corações mais sensíveis às palavras da redenção. E busquem confiadamente a fraternização.

6
FRATERNIZAÇÃO

Como discípulos conscientes e membros de uma fraternidade ligada, até pelo título, ao Divino Mestre, estão vinculados à fraternização universal e, justamente sob o impulso poderoso dessa inspiração, é que diariamente nos reunimos em nossos lares para realizar a referida *vibração pelo bem universal*, que efetuamos como um ato de amor para o bem dos nossos semelhantes em geral.

Em sua tarefa no seio do povo, inúmeras são, da manhã à noite, as oportunidades que se oferecem aos discípulos para fraternizarem com o próximo, ávido sempre para encontrar em suas vidas, tantas vezes amarguradas, conhecimento de verdades novas e mais legítimas e realidades mais completas, confortadoras, objetivas e mais concordantes com os aspectos e as circunstâncias dolorosas da vida moderna, com seus desajustes profundos, suas ansiedades e terríveis desenganos.

Por outro lado, o Evangelho do Mestre torna-se hoje em nossos meios, mais que nunca e com forte evidência, o melhor caminho que podemos encontrar para evoluir mais depressa, e mais depressa nos desprendermos deste mundo de provas e expiações.

Vivemos numa época difícil em que os valores, inclusive os religiosos, são desprezados e substituídos por outros mais modernos e sofisticados, que são uma expressão clara e adequada do desvario e da degradação da vida humana em quase todos os seus setores e, mais que isso, época em que os horizontes se ensombram com a aproximação do período dramático do selecionamento espiritual da humanidade.

Temos assim uma oportunidade rara e feliz de nos colocarmos à disposição do Plano Espiritual Superior, para a execução dos planos elaborados, que visam ao selecionamento dos valores espirituais dignos da próxima formação humana planetária, cujas marcantes características serão as virtudes cristãs, o apuramento mental e a elevada capacidade de devotamento pelo amor ao próximo.

Encarando a situação dentro desses parâmetros, concluímos que aos discípulos cabe agradecer humildemente a Deus viverem numa época tão difícil, porém, por isso mesmo, tão gloriosa e decisiva, em que se apuram nos planos divinos os elementos humanos evangelizados que dignificam a criatura humana. E só então poderão medir o valor transcendente da Escola de Aprendizes do Evangelho, que evangeliza e prepara os discípulos para os testemunhos redentores, e desta Fraternidade dos Discípulos de Jesus, que os recebe em seu seio, fornece-lhes apoio e possibilidades de colaboração preciosa com o Divino Mestre nas atuais condições sombrias e negativas da Terra.

Agradeçamos a Deus esta oportunidade e façamo-nos dignos dela; colhamos os frutos que oferece e apressemos assim a nossa evolução espiritual.

Para nós que viemos de um passado escuro, mais que tudo de violência e instinto e nos encontramos onerados com graves dívidas a resgatar, o esforço a fazer deve ser intenso e profundo, para termos êxito nas tarefas; mas a misericórdia de Deus se faz também presente nesta hora, permitindo-nos contar com o auxílio poderoso dos irmãos do Plano Espiritual, que nos auxiliam em todos os sentidos; nestas condições, não há vacilação justificável e tudo deve ser feito com confiança e bom ânimo.

Assim, conseguiremos polir as arestas e purificar o perispírito, dando-lhe cores claras e brilhantes, que é com as quais conseguiremos passar para a "direita do Cristo" no julgamento espiritual a que seremos todos submetidos em breve tempo.

Quando as sombras cobrirem a Terra por toda parte e o sofrimento transbordar sem remédio nem recurso algum material, dominarão os valores espirituais e, então, os discípulos, que se sacrificaram e conseguiram um grau satisfatório de evangelização, fulgirão como lâmpadas nas trevas e ao seu redor se aglomerarão os infelizes e necessitados, desorientados e carentes de imediato auxílio; e a estes, como a todos os demais, cabe esclarecer, consolar, proteger e encaminhar para as hostes que seguem o Cristo e d'Ele esperam a salvação prometida.

Os discípulos serão os olhos e os braços do Cristo no socorro, na consolação e no encaminhamento dessas levas de infelizes descrentes e desesperados.

O Cristianismo Primitivo, nos seus três primeiros séculos marcou sua influência decisiva na orientação religiosa de grande parte do mundo antigo, e muito concorreu para a sua aceitação pela posteridade; foi criado pelo amor do Mestre e consolidado com o seu doloroso sacrifício e o devotamento e a fé daqueles que deram suas vidas por Ele e asseguraram sua vitória contra a dominação do paganismo oficial, material e desumano, a cuja frente se colocavam os reis e imperadores da época.

Esse sacrifício dos primeiros discípulos e seguidores assegurou também sua permanência até nossos dias, apesar dos desviamentos inevitáveis e da dominação religiosa dogmática, que perdurou por vários séculos de obscurantismo religioso mas, que agora, com o advento do Espiritismo, que revelou verdades mais legítimas e avançadas, está também chegando ao termo.

Por isso, hoje, os sacrifícios a pedir aos trabalhadores são diferentes, resumindo-se em compreensão, fé e esperança de uma vida melhor, mais feliz e ao alcance de qualquer um que deseje sinceramente conquistá-la.

O que se exige é a vivência evangélica, revivendo-se assim o espírito de renúncia e de sacrifício dos primitivos cristãos, que viveram e morreram para que a promessa de redenção oferecida por Jesus se tornasse efetiva e real.

Hoje, basta que o desejemos para que possamos ingressar nas Escolas de Aprendizes do Evangelho, que nos burilam o caráter moral, esclarecem a mente, purificam e dulcificam os corações, tornando-nos aptos ao ingresso na Fraternidade dos Discípulos de Jesus, onde vasto e fecundo campo de trabalho nos espera e se abre à nossa frente, permitindo realizações espirituais de imenso valor evolutivo.

Esta década de 1980 antecede o período curto e final deste ciclo, quando importantes e decisivos acontecimentos se darão para o progresso espiritual da humanidade (muito embora muitos ainda descreiam disso) e a consequente vitória do Evangelho, como o único código moral que consegue reunir em torno de si mesmo, e por força e mérito do próprio conteúdo, todos aqueles que penetrarem fundo na sua elevada e decisiva significação espiritual.

Se já estamos, pois, integrados nesse benéfico esforço, se já atingimos essa elevada compreensão da vida espiritual, lutemos agora mais firmemente pelo autoaprimoramento, apurando virtudes já conquistadas, reafirmando dia por dia nossa decisão de nos fazermos dignos desta elevada investidura de discípulo.

O Divino Mestre mostrou o caminho, deu-nos meios de ingressar nele e a nós agora compete seguir por ele com os nossos próprios pés.

COMENTANDO PENSAMENTOS POSITIVOS

1
PREÂMBULO

Imensa é a seara do Divino Mestre; imensa e variegada de muitos aspectos construtivos e atraentes e de oportunidades que concorrem a formar, com o tempo, o esboço angélico da alma humana, nas bases fixadas no Seu Evangelho.

Aqui enfileiramos comentários sobre vários pensamentos e conceitos de autoria de valiosos autores, que traduzem, em inspirados cantos, as belas e preciosas virtudes, apanágio das mentes já tocadas pelas luzes redentoras do Cristo.

E bem-vindo é tudo aquilo que nos fala do Senhor e do Seu Reino de amor e de paz.

São Paulo, abril de 1976.
O Autor

COMENTÁRIOS

1

A evolução dos seres vivos nos mundos baixos só se efetiva pela dor, pelos sofrimentos físicos e morais, agentes evolutivos dos quais a Cruz do Cristo é um símbolo.

Esse imperativo de sofrimento é próprio desses mundos, dos quais a Terra é um deles e essa companheira permanente e dolorosa deve ser compreendida e aceita, para que aproveitemos bem o tempo que a sofremos.

Que essa compreensão nos interpenetre, nos sature a mente para que assim, ligados em pensamento ao Cristo, possamos vivê-lo em espírito e verdade, isto é, no entendimento do que ensinou e na realidade do que a vida é.

Eis o que diz um Instrutor respeitável: "Na comunhão do eterno amor, possamos todos testemunhar o Divino Mestre vivendo, sofrendo, compreendendo, trabalhando e, em Seu nome, curando e abençoando".

2

O maior poder de manifestação externa do homem é o Verbo, a Palavra, pela força da qual o mundo foi criado: Faça-se luz e a luz se fez!...

"Com a palavra, usando o nome de Deus, com base em uma fé sólida, podemos modificar as coisas, criá-las, destruí-las, arcando, é claro, com as consequências dos nossos atos."

É preciso, pois, ser pródigo em palavras, meditar previamente e agir sempre no sentido do Bem, "porque não há mal algum no Bem".

3

"Todos os seres possuem em si mesmos a porção de energia de que carecem para, no curso do tempo, operar sua estruturação psíquica, por meio das evoluções e corporificar a essência sonora da palavra divina que desencadeou sua criação."

4

A criação de Deus é feita para o Bem, conquanto exista também, por toda parte, o contraste do Mal; e devemos respeitar essa existência contrastante, mesmo quando não a compreendamos, pela nossa pouca evolução; e isso nos leva muitas vezes, a transmitir inverdades, supondo serem coisas perfeitas.

Esta é a inibição do homem ante a Verdade, ante o mundo e ante si mesmo.

5

Diz o Instrutor: "No mundo, conquanto não pareça, tudo está tendendo para a unidade: os problemas já não são, nem têm soluções nacionais; os internacionais o são em escala mundial e estes, a seu turno, são invadidos pelos interplanetários.

É a cristificação pela força, não por força imposta pelo céu, mas pela força da necessidade humana, vil sucedânea da que deverá ter sido pelo amor".

Cabe então perguntar: nesta lamentável situação de precariedade evolutiva, ante o alvo almejado e a indiferença generalizada; e havendo no mundo tantas religiões, doutrinas, seitas e filosofias, cabe a estas ou aos próprios homens a responsabilidade desse fracasso?

Ou à ciência materialista que, praticamente, entronizou o ateísmo e difunde livremente a incredulidade?

E se os governos também fracassam, por serem simplesmente humanos, o que serviria de base ou ponto de partida para qualquer tentativa de salvação, de unidade pelo amor?

Um governo unitário mundial que seria o mesmo que remendar roupa velha? Ou a conclusão final de que não há remédio para mais nada?

Mas, se o mundo material falha, o mesmo não sucede com o mundo espiritual, onde vigoram as leis divinas, e que, em breve tempo, iniciará sua interferência direta para selecionar na Terra os seres que podem ser aproveitados na formação de um mundo novo, regenerado, evangelizado.

6

No campo da vida espiritual, os que realizam obras duradouras não são os acomodados, mas os dinâmicos, os idealistas e os místicos, os que possuem mais fé, devotamento, desinteresse e capacidade de sacrifício em benefício do próximo – o que não é, todavia, linguagem entendível – pela mentalidade materialista, pelos fracos e pelos aproveitadores.

7

"Do teu coração farei um templo. Orna esse templo para que dele faça minha morada, diz o Senhor."

"Para nós, que habitamos este mundo retardado, o céu estará em nosso coração, ou não estará em lugar algum."

O mesmo que dizer que não virá de fora.

Edificaremos, pois, o céu em nosso coração para que nele o Senhor permaneça; mas, para edificá-lo é preciso que nos esqueçamos de nós mesmos, porque ele só poderá ser edificado com os nossos próprios sofrimentos e os alheios, ajudando a minorá-los, aliviá-los, consolando os que sofrem e dando-lhes esperanças de vida melhor e mais feliz com Jesus.

Para auxiliar esse esforço é que foi criada a Escola de Aprendizes do Evangelho.

8

No reino de Deus não entram aqueles que têm dívidas a pagar na Terra; só com os agravos perdoados, os desejos esquecidos, todo o poder desprezado; quando se é despido de grandezas, maltratado e fraco, mas isento de temores, cheios os corações de fé, de amor e de renúncias...

Quando o poderão?

9

Há em algumas áreas espíritas, intelectualizadas, reprovação a que se dirija à Maria de Nazaré, mãe terrena de Jesus, evocações e preces, alguns, mesmo, se opondo a um suposto culto particular a essa excelsa entidade espiritual.

Mas, se atribuem a Jesus a altíssima condição de entidade divina, não consideram que para ser mãe desse Espírito redentor da humanidade, apontado por João Evangelista, como O Filho de Deus, O Verbo por meio do qual Deus realizou a criação; Espírito, portanto, de jurisdição universal; não percebem que a esse Espírito somente outro, de hierarquia aproximada e afim poderia servir de genitora?

Também esquecem que essa qualidade singular lhe é reconhecida por religiões antigas e, principalmente, que esse Espírito já está, de há muitos séculos, divinizado pelo culto espontâneo e fervoroso de milhões de corações que sofrem, creem e esperam?...

E convém lembrar que Espíritos divinizados não encarnam como seres humanos comuns, saturados de vícios, taras, mazelas e crua animalidade; e nem poderiam suportar tamanho contraste fluídico e vibratório, de tão distantes condições morais.

Assim argumentando, cremos que a evocação e as preces dirigidas à Mãe do Divino Mestre, devem ter entre os espíritas, primazias e não reservas sectárias, sobretudo porque o espiritismo não é uma seita particular, mas uma doutrina de sentido universal, como o primitivo cristianismo.

10

"Quem é sujo, suje-se ainda"...

Aquele que faz o bem, continue a fazê-lo, pois que semeia sementes preciosas, que trarão felicidade a muitos. E aquele que faz o mal, faça-o ainda porque "a crise da febre aproxima o recurso da cura" e a persistência no mal leva à crise do sofrimento, que redunda por fim em experiência, remorso e mudança de rumos.

Cada um vive dentro do seu carma, que é a sua lei, e "grande é a bondade de Deus que dá a todos os seus filhos oportunidade de errar, emendar-se e evoluir".

11

É condição essencial para qualquer avanço espiritual, iniciar-se logo a doação de amor aos semelhantes, começando com as coisas mais simples, tratando a todos com atenção, bondade, respeito, seja quem for.

Ao mesmo tempo eliminar dúvidas, ressentimentos, revides, malquerenças, procurando entendimentos e oferecendo ajuda. Se não nos harmonizarmos com os desafetos enquanto aqui estamos juntos uns dos outros, muito mais difícil será fazê-lo depois, após a morte, quando, muitas vezes, eles nos aguardam para cobranças de malefícios que lhes tenhamos feito; considerando também não sabermos quando teremos novas oportunidades de reencontro e conciliação.

12

A volta de Jesus à Terra é assunto de controvérsia.

Voltará a este mundo do qual se afastou em condições tão trágicas, mormente vendo que os ensinamentos que nos deixou são seguidos por tão poucos?

"Mas, se vier, quando se der a conhecer, talvez seja tarde demais, porque o mundo caminha aceleradamente para abismos de trevas, de incredulidade e corrupção."

P. — Mas, pergunta-se, por que Jesus tarda tanto?

R. — Há tempo certo para que tudo aconteça e também é certo que Ele tem estado sempre presente por intermédio de seus mensageiros e os ensinamentos, configurados no Evangelho.

P. — Mas mesmo assim voltará?

R. — "Ele é o único a saber." Aguardemos; os que viverem, verão.

A presença de Jesus na Terra, no início da nossa época, valeu como um estímulo forte, um chamamento heroico à luta do homem contra suas próprias misérias morais e imperfeições espirituais; um impulso forte no sentido do amor e do Bem.

Se voltar agora, contrariando opiniões de muitos, será para fazer a colheita da sua seara, acertar contas e fazer justiça...

Se não, por que viria?

13

Na vida, nunca estamos sós e nossas necessidades e desejos são sempre atendidos pelo Plano Espiritual, segundo as conveniências evolutivas de cada um e as dívidas cármicas, sempre prioritárias, que devem ser pagas.

Quando agimos fazendo o Bem, nossas necessidades são atendidas mais prontamente, porque a condição de receber é dar, pela mesma razão, para colher é preciso plantar.

A hora marcada ou desejada para a ação, espontânea ou compulsória, contará sempre com a possibilidade de acertos espirituais benéficos, se estivermos em condições de merecê-los; e se fugirmos à ação, abriremos mão de uma cobertura que não sabemos se tornaremos a ter.

A comunhão com o Plano Espiritual, a mais assídua possível, pela prece ou outro meio psíquico, é sempre necessária para o cumprimento das tarefas ou das provas que devamos enfrentar.

14

Segundo autores credenciados, "na Terra, acima do Cristo nada existe além do Criador; Ele é o Espírito vivo, consciente total da humanidade".

Isto pode ser compreendido em relação à Terra e outros orbes, cada qual com seu Espírito Dirigente, os maiores entre todos, não havendo existência de autoridade conflitante.

Nem se poderia conceber a existência de globos inumeráveis, em cada galáxia dos vários universos, sem autoridade espiritual presente de altíssima condição, responsável pelo exato cumprimento das leis de Deus, soberanas e eternas.

15

O Espírito inferior, sendo intrinsecamente mau, onde estiver produzirá malefícios que afetam as pessoas e os ambientes, assim como uma gota de água suja tisna a água pura de um vaso.

Mas isso não significa que fujamos dele quando a oportunidade se apresentar e não o ajudemos da mesma forma que nós, ainda tão imperfeitos, somos ajudados, paciente e assiduamente pelos nossos protetores e guias.

De igual forma, nossa ajuda não significa concordância.

16

Em nossas atividades espirituais, sempre sugerimos aos companheiros a adoção do lema: nem entusiasmos nem desânimos.

Os entusiasmos para colaboradores novos, são sempre intensos mas, via de regra, arrefecem na luta quando esta é longa, difícil, cheia de altos e baixos e de imprevistos, muitos deles decepcionantes, principalmente quando não há horizontes visíveis e claros a alcançar; a esse entusiasmo sucede sempre o cansaço, o desânimo e, por fim, o abandono do trabalho.

O necessário em todos os casos é fixarem-se bem as metas a alcançar e caminhar para elas firmemente, sem desvios, atropelos ou ansiedades, num ritmo invariável de perseverança e esforço, sem se deixar influenciar por dificuldades, obstáculos, opiniões de terceiros, mantendo sempre assídua comunhão com o Plano Espiritual.

Dessa forma, sem a menor dúvida, atinge-se a meta e se cumprem as tarefas compromissadas.

17

"Para amar ao próximo segundo a Lei, basta amar menos a si mesmo", diz um respeitável Instrutor.

O orgulho e o amor-próprio, reflexos do egoísmo ancestral e do personalismo dominante nos homens, impedem quase sempre que o amor potencial, emitido pela centelha divina que somos, exteriorize suas vibrações benéficas e as permute com o exterior. Sobrepondo-nos a esse predomínio instintivo, daremos campo às manifestações desse amor, que preexiste e é a presença de Deus em nós.

18

"Aquele que jogamos pela porta, entra pela janela", diz o Instrutor.

A miséria do mundo é grande e cada vez maior; se a repudiamos de um lado, ela volta pelo outro e, se, antigamente, o necessitado pedia, implorava, hoje ele exige e agride.

Mas também é verdade que tudo tem o seu lugar certo na comunidade, conquanto diferentes sejam as condições individuais; isso, todavia, não exclui a fraternidade.

O mais certo é não repudiar ninguém, respeitar o próximo na sua essência espiritual, seja qual for sua condição social, e ajudar a todos como for possível, sem desprezo e sentimento de separação.

Neste particular, lembremo-nos também do axioma oriental semelhante que diz: "quanto mais tentamos nos livrar do manto esfarrapado do mendigo, mais ele nos adere às costas". Ambos os axiomas, como se vê, têm o mesmo sentido espiritual e igualmente induzem à fraternidade que o Evangelho recomenda.

19

"Aquele que não faz nem o bem nem o mal é elemento negativo, diz o Instrutor; quem faz o mal é maléfico, mas não é negativo: cria carma, paga a dívida e se liberta."

O que faz o bem colhe comumente a ingratidão, mas isso é normal entre Espíritos imperfeitos, como somos nós – e por essa razão não nos devemos preocupar nem criticar; ajudar, sim, se pudermos.

Os que não fazem nem o bem nem o mal, são como "os que ficam à porta, não entram nem deixam entrar"; não fazem nem deixam fazer. Comumente são os egoístas, comodistas, mornos, que não colaboram, não participam, não combatem, são indiferentes, improdutivos, estéreis.

São indivíduos incompatíveis com o Evangelho que é ação viva, constante, desprendida, no sentido do bem.

20

A evangelização pela Reforma Íntima exige que sejamos desprendidos em relação ao mundo material e verdadeiros, sem fingimentos; não ostentar o que não somos ou não temos; sermos humildes, sem malícia, sem vaidades, sempre ativos.

Sem essa reforma não pode haver progresso espiritual apreciável; haverá uma movimentação forçada, fingida, aparente de valor muito relativo.

Cada um deve se mostrar como é, conquanto lutando sempre por melhorar. Nada do que queiramos ocultar de mau, por interesse, vaidade ou orgulho, deixará de ser conhecido duma forma ou d'outra, hoje ou amanhã, como Jesus ensinou.

Todos os nossos atos e pensamentos são registrados pela Luz Etérea e suas consequências, em qualquer tempo, se voltarão contra nós ou a nosso favor, conforme sua natureza e qualidade.

21

"Quando praticamos um mal, prejudicamos não só a nossa vítima, como também seu protetor espiritual", e, se, reconhecido o erro, desejamos restabelecer a paz, não basta que nos arrependamos; é necessário reparar o erro, compensar a vítima pelas consequências do erro e de seus desdobramentos, obtendo o perdão de tudo, inclusive da parte do protetor espiritual, caso à época do arrependimento possamos estabelecer contato com ele.

Enquanto não for feito tudo isso, não evoluiremos livremente, porque ficaremos estacionados nesses pontos fracos.

Ninguém sobe a esferas melhores, se não estiver limpo de erros cometidos e não houver recebido o perdão daqueles que houver ofendido. "Ninguém poderá encontrar nos seus caminhos aquele que possa desligar o que foi ligado, se não se arrepender, de uma forma ou de outra e não reparar os seus erros". Reparados estes, o desligamento é feito.

22

No trato com os nossos semelhantes, a melhor conduta, a mais sábia e mais lógica, é perdoar sempre, "não ofender ninguém em coisa alguma, conscientemente, seja qual for o nosso direito".

Nestes casos, a reconsideração do erro inconscientemente praticado, ou por força maior e o pedido de perdão resolvem o problema, mesmo quando seja negado pelo antagonista, porque aquele que se humilhou, ofereceu a paz e pediu perdão de seus erros... Esse se libertará e seguirá a seu caminho.

Mas, se for orgulhoso e obstinado, permanecerá devedor e na convivência com as inferioridades e maldades adstritas ao caso.

23

Na Reforma Íntima, além das conquistas internas quanto a vícios e defeitos morais, é preciso considerar a conduta para com os semelhantes.

Devemos servir ao próximo desinteressadamente, sem segundas intenções, fazendo caridade não para nos salvarmos de alguma coisa futuramente, mas para ajudar os outros em seus sofrimentos e necessidades.

Só assim o nosso gesto terá valor aos olhos de Deus.

24

Amar ao próximo como a si mesmo é um ponto alto na evolução de qualquer ser humano. É maturidade espiritual, sinal certo de positiva evangelização.

Não tem valor o amor simplesmente teórico, superficial, aparente, que não aguenta a prova de "sacrificar-se pelo próximo e esquecer desde logo o sacrifício"; tratar com bondade os desafetos e inimigos e esquecer logo o bem que lhes fazemos.

25

Se formos prejudicados por alguém, procederemos sempre do mesmo modo: perdoando e esquecendo. No caso de ofensas não revidar, agredindo, defender-se apenas e perdoar o ofensor. *Não foi assim que Jesus ensinou?*

Mas estas são regras acima da inferioridade humana, argumentam muitos. Sim, mas o aprendiz deve cumpri-las como lhe for possível, "pois que se não fossem possíveis, o Divino Mestre não as recomendaria".

Para ajudar e orientar o cumprimento desses ensinamentos é que foi criada a Escola de Aprendizes do Evangelho.

E, depois que ela nasceu, quantos milhares de Discípulos não estão lutando para cumpri-los? Dia virá em que recolherão a cento por um, os frutos desse esforço.

26

Como somos partículas de Deus, o amor de Deus está em nós, em caráter potencial, aguardando, dia por dia, sua exteriorização.

Para amar ao próximo basta transferir-lhe esse amor, ajudando essa exteriorização, e insistindo até consegui-la.

A Escola ensina a combater os defeitos e os vícios, desenvolvendo, ao mesmo tempo, a capacidade interna de amor que, como já foi dito, depende de amarmos menos a nós próprios.

27

A Reforma Íntima, quando feita em profundidade, dá ao discípulo o poder de curar em nome de Deus, desde que, todavia, seja positiva a sua evangelização, estando além disso, harmonizado com o débito cármico, trazido para esta encarnação.

E, desde que o doente deseje a cura, tenha fé, e merecimento espiritual. Fora disso, qualquer melhora será provisória, tendendo a desaparecer, porque, sem merecimento próprio, isto é, condições adequadas, o benefício é relativo.

Por isso, todo trabalho de cura deve ser precedido de esclarecimento espiritual.

28

Uma das condições marcantes da Reforma Íntima, e uma das mais difíceis de cumprir inteiramente, é eliminar a maledicência. Não falar mal de ninguém, sobretudo de ausentes e desafetos.

Para isso, é preciso um constante *sobreaviso,* dia por dia, hora por hora, – "porque o vício de falar mal dos outros é tão arraigado, que o exercemos até inconscientemente".

29

O Espiritismo ensina que ninguém paga culpa que não haja cometido, nem os filhos pagam pelos pais.

Isto é verdadeiro, lógico e justo, mas sem infringência do enunciado: "às vezes os males que afligem filhos e netos, são resgates de culpa que eles mesmos praticaram quando foram pais e avós".

30

O melhor meio de obter coisas para si é pedi-las para os outros. Se queremos saúde, peçamos saúde para os doentes, ou cuidemos da saúde dos outros, com espírito de caridade fraterna.

Mesmo nos casos de sofrimentos cármicos, de resgate, mesmo assim haverá melhorias, impossíveis de haver em outras condições. Sempre a mesma lei: primeiro se planta, depois se colhe.

31

Como o livre-arbítrio é sagrado, na vida todos temos que escolher o caminho, a posição, a conduta, todos temos que optar, cedo ou tarde, pela verdade ou pelo erro, assumir responsabilidade pelo cumprimento do que foi escolhido e sofrer as consequências decorrentes.

Os que optam pelo Bem, caminham mais depressa, atingem mais depressa situações espirituais dignas, enobrecedoras; os que se acomodam com a ociosidade, a negligência espiritual, levam séculos para darem um simples passo na evolução, que é progressiva.

32

Para aprimorar a Reforma Íntima, é necessário exercer determinado controle sobre o organismo físico, para que seu funcionamento não venha impedir as tarefas programadas para o Espírito.

Elevar o teor vibratório, para que haja harmonia, bem-estar e equilíbrio geral, pois que a mente do Espírito encarnado influi poderosamente sobre o metabolismo orgânico e, no caso de moléstias cármicas ou incuráveis, o equilíbrio deve ser mantido, para que o Espírito tire proveito da provação.

33

A base ideal da conduta é amar ao próximo ou, no mínimo, a tolerância, como regra geral.

Começar pelos desafetos, perdoando, esquecendo agravos, ofensas e orando por eles. Com isso, já o aprendiz se coloca em uma posição espiritualmente positiva e elevada. Se nos julgarmos culpados de algo, o pedido de perdão, direto ou indireto é indispensável e, em troca, oferece-se amizade desinteressada.

Não guardar queixa do passado, mas melhorar o presente dia por dia, hora por hora.

Ante a adversidade, aceitá-la como vier, vivê-la como for possível, sem mágoas ou revoltas, com compreensão e paciência. Esse procedimento abre campo à valiosa cobertura espiritual e assim o lutador se engrandece.

Isto é o Evangelho em ação, do que, entretanto, alguns não gostam porque julgam que se desvirilizam, julgam ser passividade, quando o que ocorre é justamente o contrário: a maior coragem é a dos humildes.

34

Se desprezarmos e fugirmos dos pobres, humildes, desvalidos, como esperar que os benfeitores espirituais venham a nós? Como exigir proteção deles? Não somos também necessitados?

Como damos, assim recebemos, e as dádivas da misericórdia de Deus são para todos, não havendo privilégios.

35

É dever do aprendiz, como cristão, exercitar a caridade de todas as maneiras, a começar pelos estranhos e pelos infelizes, "porque o sopro de Deus está também neles".

Há uma infinidade de regras, conselhos, e métodos para agir certo, mas tudo, afinal, se resume no "amai-vos uns aos outros", não querendo para os outros o que não queremos para nós. É indispensável seguir a regra, tornando-a habitual e aumentar pouco a pouco a sua amplitude.

Por mais que façamos, sempre ficamos longe do que é preciso e do que poderíamos fazer, se nos decidíssemos a isso, principalmente no terreno espiritual.

"Que será mais certo, pergunta o Instrutor: fugir dos maus ou fazer a eles o bem que se puder, muitas vezes pagando o mal com o bem? Fugir das companhias ruins ou ajudar os ruins a se melhorarem?"

É óbvio que não devemos alimentar, ou nos acumpliciarmos com as companhias ruins, mas isso não quer dizer que deixemos de auxiliar aos necessitados quando tenhamos oportunidade para isso.

36

Diz o Instrutor: "Do ponto de vista evangélico, o ruim que esclarecemos sobe até nós e nos empurra para cima".

Os que ignoram as responsabilidades da vida espiritual, ou negligenciam seu cumprimento, via de regra são improdutivos nesse campo e só evoluem compulsoriamente.

Mas se os esclarecermos e impulsioná-los, mostrando-lhes caminhos novos, transformar-se-ão em elementos ativos e espalharão o benefício para outros; nossa interferência permitiu a melhoria e todo trabalhador recebe seu salário.

37

A caridade que se pode esperar dos poderosos do mundo é tolerarem os que lhe estão por baixo; serem benevolentes até um certo ponto. As influências negativas do plano material com as quais se afinam, não lhes permite fazer mais que isso.

Qualquer homem, "raspando-se um pouco sua pele no amor próprio, nos interesses materiais e nos preconceitos, logo reage e surge a besta humana, com todas as suas garras, como realidade invariável".

Mas a evangelização muda o quadro e o ilumina com novas cores: transforma a besta em homem.

38

"Para as pessoas que conquistaram ou herdaram vultosos bens – a vida terrena é um céu". E como são, via de regra, muito ligadas ao mundo material, mesmo que frequentando igrejas, esse céu lhes basta.

Para elas, a Terra não é, como dizem, um mundo de provações, e os gozos materiais que o dinheiro e as posições facultam bastam para satisfazer as suas aspirações.

É evidente que a sua hora ainda não chegou de amadurecimento espiritual, que só se consegue com dúvidas, quedas, angústias, sofrimentos físicos e morais.

Para homens materializados é natural que a matéria lhes seja firme ponto de apoio e o mundo material, afim; e não podem admitir outra coisa, pois lhe seria isso negar a própria evidência.

Mas quantos deles, nos seus momentos raros de inspiração, não anseiam por uma vida mais construtiva e mais bafejada pelo amor e pela fraternidade em Deus?

39

"O tipo humano é a forma mais evoluída em nosso planeta" e em nosso próprio sistema planetário, muito embora o desconheçamos fora da Terra.

No entanto, aqui mesmo, ignoramos a existência dos bilhões de seres menos evoluídos abaixo de nós, animais, vegetais e minerais, cada classe com as formas que lhes são próprias, notadamente os denominados elementais: humanos, animais, vegetais, minerais e aéreos, que representam admiráveis e poderosos potenciais de forças naturais e cósmicas, e que realizam seu trabalho anonimamente, obscuramente.

Apesar de seu notável adiantamento intelectual, os seres humanos não são assim tão sábios e é necessário que nos desloquemos para além das áreas científicas materialistas, para tomarmos conhecimento desses maravilhosos seres que colaboram na vida universal planetária, que não são alcançados pela nossa reduzida capacidade visual.

40

Na conquista da verdade espiritual e da ascensão evolutiva, há uma chave que abre todas as portas, aplaina todos os caminhos, suaviza todas as asperezas e brilha "ainda mesmo na noite escura": é a legenda cristã "ama a teu próximo como a ti mesmo".

Em qualquer ponto da trajetória do Espírito, vá para onde for, proceda como entender, o cumprimento dessa condição é indispensável para o progresso evolutivo, porque o amar é a essência mesma e a razão da criação divina.

41

A visão de símbolos e de imagens pouco edificantes caracteriza a vidência iniciante, mas, com o tempo e o exercitamento e, em havendo purificação permanente do corpo e do Espírito, ela se tornará clara, completa, objetiva, conforme o programa encarnativo de quem a possui.

Desta regra excetua-se, naturalmente, a que já existia antes como conquista pessoal, adiantamento evolutivo natural do Espírito, que sempre apresenta condições mais perfeitas de manifestação.

42

É bom conselho não fugirmos das dificuldades nem pedir seu afastamento, porque elas cresceriam de vulto e mais tarde não suportaríamos seu peso.

O mesmo sucede em relação às doenças cármicas, que devem ser enfrentadas com bom ânimo, como e quando se apresentem pois, se vieram agora é porque estavam em nosso calendário de provações de resgate e porque fomos julgados em condições de suportá-las.

O cálice do resgate é para ser sorvido, não afastado ou lastimado. Para isso pedem-se forças e auxílios que nunca são negados. Quando são insuficientes as fornecidas pelos protetores mais próximos, outros mais poderosos intervêm.

43

É um grande erro aceitarmos aplausos, dádivas, recompensas, pelo sempre pouco que fazemos em bem dos semelhantes; nossa colaboração à obra ingente do Divino Mestre no esclarecimento e na consolação dos sofredores que enxameiam à nossa volta, sendo nós um deles, é sempre mínima ante a imensidão crescente das necessidades.

O que costumamos dar é sempre uma espécie de sobra de mesa e nem sempre o sentimento que acompanha a oferta é de espontânea caridade...

As recompensas que devemos esperar são as do salário do trabalhador, à hora da colheita, na separação do joio e do trigo...

44

Tudo tem sua hora certa para acontecer e qualquer coisa que se faça para apressar ou retardar os acontecimentos constantes de nosso programa encarnativo, redunda em perturbações e males futuros. O livre-arbítrio, em certos casos, altera ou retarda esses acontecimentos com desviamentos e consequências imprevisíveis.

Quando se trata, porém, de beneficiar aos semelhantes, desviando-os do mal, ou ajudando-os a compreender e cumprir as leis de Deus, nosso arbítrio é amplo e não encontra impedimentos.

45

Como a Terra é planeta de expiação e de provas, nascemos aqui justamente para resgatá-las, e assim nos libertaremos de impedimentos evolutivos. Esta é a grande verdade que marca todos os acontecimentos, muito embora crenças diferentes ou as ilusões do mundo material argumentem de forma contrária.

Mesmo quando a ignorância ou o orgulho obscureçam o entendimento, a verdade brilhará de qualquer forma no devido tempo.

46

Fomos encaminhados a este planeta para sofrer as experiências que ele oferece e receber os esclarecimentos de que necessitamos neste ponto de nossa trajetória e, por isso, devemos suportar sem nenhuma queixa o que pesar sobre nós, e só pedir auxílio quando o sofrimento ameaçar o equilíbrio orgânico, que nos cumpre manter com os recursos materiais aqui existentes.

O termo das provações virá quando as dívidas estiverem pagas, corpo e Espírito modificados para melhor, e o coração se abrir para o amor aos semelhantes.

Os sofrimentos de hoje são os alicerces da felicidade espiritual de amanhã.

Segundo o Instrutor espiritual: "Chegamos ao fim de nossas penas quando as compreendemos, aceitamos e nos sentimos felizes com elas" – não por serem agradáveis, é claro, mas por serem benéficas.

47

"Como o sofrimento é uma necessidade para o Espírito humano nos mundos baixos, Deus o manda a todos, dosado segundo as forças. E ninguém penetra no Reino de Deus sem esse burilamento espiritual."

Este conhecimento é elementar para os espiritualistas em geral, mas não o é para a grande maioria dos homens de hoje, intelectuais saturados de si mesmos, ou do orgulho da conceituação materialista, na qual a felicidade humana é conquista da inteligência, tanto para o indivíduo como para a coletividade.

48

Diz o Instrutor: "Quando puderes carregar fardo sem dificuldade, te porão às costas outro mais pesado; e quando puderes carregar também o fardo dos outros, o mundo te esmagará".

Esta frase, de sabor tão fundamente iniciático, isto é, suscetível de meditações, é todavia, de compreensão bastante simples e puramente evangélica.

Quer dizer que à medida que vamos aumentando nossa capacidade de compreensão e de amor aos semelhantes, cada vez mais amplo será o campo de nossa colaboração.

E ante a imensa extensão das necessidades humanas, nossa cooperação em bem do próximo será cada vez maior, mais opressiva, mais generalizada e mais universal.

49

Em nosso universo solar ocorrem renovações periódicas de 25.920 anos, o que corresponde a 2.160 anos para cada casa do Zodíaco, estruturado na Índia primitiva, pelo patriarca Rama, no início da formação da Quinta Raça à qual pertencemos.

Dois mil anos, aproximadamente, é o tempo de cada período cíclico evolutivo da humanidade e estamos no fim do *ciclo cristão*[4], que contamos desde o nascimento do Divino Mestre, na Palestina.

50

Os que forem insensíveis e indiferentes ao dever de amar os semelhantes, ainda portanto dominados pelo instinto do egoísmo, característico da animalidade, ainda imaturos para essa capacidade; para esses, o problema

---

4 Ver temas 49 e 89 de *Lendo e Aprendendo*, do mesmo autor (Nota da Editora).

evolutivo se resolve pela presença e ação da dor, do sofrimento que, com o passar do tempo, desgasta as arestas, dulcifica os corações, abre a compreensão e sensibiliza a alma humana.

51

No atendimento a doentes e necessitados em geral, devemos ter sempre em vista que eles são, como todos nós, seres humanos imperfeitos, em resgate de dívidas do passado.

Além do tratamento espiritual recomendável, deve-se dar-lhes o conforto da boa vontade e da solicitude pessoal, evitando exigir deles esforços acima de suas possibilidades físicas e morais, recusando mesmo colaboração quando esta se evidencia não suscetível de bom proveito.

52

"Mesmo que tua vida deva terminar no dia seguinte, lança tua semente à terra."

Esta bela sentença tem muitos corolários na literatura comum, considerando-se a vida no mundo material, em relação a interesses pessoais.

Mas, espiritualmente, o significado é outro: dia por dia, hora por hora, devemos manter ativa nossa colaboração na seara do Divino Mestre, em benefício dos semelhantes, rematando sempre à hora justa, as tarefas que nos são confiadas, porque não sabemos se no dia seguinte estaremos ainda encarnados.

53

"Se fores maltratado, ferido, espezinhado e puderes perdoar e esquecer, então ressurgirás como um clarão nos céus do Senhor."

O Instrutor espiritual, com esta sentença, quis mostrar como deve ser o verdadeiro cristão.

Por muito que nos esforcemos em perdoar ofensas, dificilmente perdoaremos se formos agredidos, maltratados; isso ultrapassa a condição moral da natureza humana, comum dos habitantes da Terra.

Aquele, todavia, que for maltratado, agredido e ferido e não encontrar em si mesmo nenhum impulso de revide violento, e puder perdoar realmente já não é mais deste mundo, sendo merecedor de vida em esferas mais perfeitas.

O temor desta situação, todavia, não fecha o caminho àqueles que se dispuserem a provar que o Evangelho de Jesus prepara os homens para procedimentos tão altamente espiritualizados. O cristianismo primitivo é farto desses exemplos.

54

"Ama os sofrimentos que te estiverem reservados, porque eles serão a escada pela qual subirás para a luz."

Esse "amar sofrimentos" deve ser entendido na sua significação simbólica ou relativa, porque não se ama o que nos faz sofrer e contrasta com a harmonia que deve existir no metabolismo orgânico.

Nos mundos ainda retardados como o nosso, os impulsos da animalidade ainda dominam nos seres humanos e incapazes são as leis do mundo de obrigá-los a mudar seus sentimentos.

Isto cabe aos sofrimentos físicos e morais, num trabalho de lixamento, de desgaste que desbasta arestas de orgulho, vaidade, brutalidade ancestrais, polindo a alma das asperezas que apresenta.

55

"Se queres repouso, busca o trabalho e este, mais tarde, te será repouso."

Há hora certa para trabalhar e outra para descansar, tanto material como espiritualmente.

O operário é sempre digno do seu salário; colhe o que semeia e, se puder suprir bem de trigo o seu celeiro, certamente que terá pão farto no inverno...

56

A tecnologia, aos poucos, vai substituindo as atividades do corpo e do Espírito encarnado, impedindo o funcionamento normal de bilhões de células que formam o maravilhoso organismo humano.

Suas atividades vão sendo postas de lado pela automação, pela mecanização da vida humana e o próprio cérebro vai definhando, apagando-se as capacidades de atenção, concentração, raciocínio, análise e julgamento, tornando-se os atos humanos produtos automáticos de computadores insensíveis.

Nesse andar, em pouco tempo o homem será um intruso na sua própria casa, no funcionamento do seu próprio corpo, um autômato mecanizado e de sentimentos embotados.

Como então evoluirá, se já não passa pelas experiências indispensáveis da dor, do sofrimento, das decepções, dos erros e dos acertos, das vitórias e das derrotas, das alegrias e das tristezas, das conquistas, enfim, do coração e da inteligência?

Do ponto de vista de evolução é que devem ser julgadas as conquistas da ciência materialista e não somente do ponto de vista utilitário e material.

Mais homens e menos máquinas; esta deve ser a regra nas realizações do Espírito.

57

"Muitos de nós nos julgamos civilizados, evoluídos, mas para saber bem o que somos, basta que nos façam coisas que não nos agradam e ofendam e logo se desfará a ilusão."

A besta humana, simplesmente adormecida, ameaçada em seus interesses e desejos, acorda e reage violentamente.

A civilização dá polimento aos homens, mas não os transforma, ao contrário do que sucede com o Evangelho, que é caminho para a angelitude.

58

Lamentavelmente, grande é o número de pessoas que, preferindo conhecimentos teóricos, mantem-se indiferente, arredio, aos esforços de companheiros dedicados e bem inspirados que procuram agrupar, em torno do Evangelho de Jesus, o maior número possível de seus semelhantes, não por indesejável intuito de proselitismo, mas por idealismo e sentido de fraternidade humana.

Isso ocorre com grande parte da humanidade e poucos são os que atendem aos chamamentos e se submetem às renúncias e sacrifícios da vivência evangélica.

Maior mal ainda é praticado por aqueles que, já tendo algum conhecimento sobre a vida espiritual, adotam essa atitude aleatória e estéril, preferindo atividades superficiais que não ajudam os homens a se prepararem para enfrentar os problemas definitivos ligados à redenção espiritual. A hora que vivemos exige definições altas, decisivas, renovadoras.

59

O comodismo vivido durante séculos, deve ser agora substituído pela vivência desassombrada do evangelho e não somente por seu conhecimento teórico.

Convém que recordemos as referências feitas pelo Divino Mestre, reafirmadas no Apocalipse de João, apontando as pessoas que não são frias nem quentes ante os esforços da redenção – *"Por não serdes frio nem quente, por serdes morno, vomitar-te-ei da minha boca"*, diz o Senhor.

A Doutrina Espírita é liberal e a ninguém obriga, mas, no consenso íntimo de cada um, devem ressoar bem fortes essas palavras do Senhor, clamando por atividades e atitudes abertas, francas e desassombradas, sinceras e espontâneas da vivência evangélica a única, aliás, que na realidade, conduz os homens, com segurança, pelos caminhos sacrificiais da libertação espiritual.

Além disso, essa atitude de mornez é prejudicial até mesmo à plenitude das realizações do Plano Espiritual na Terra, pelo bem de sua humanidade, sobre a qual todos nós influímos por sermos parte dela.

E ainda mais: essa indiferença atinge certamente o coração do próprio Mestre, como um reflexo negativo de eternização dos sofrimentos, suportados por Ele mesmo quando conviveu conosco na Palestina, na tarefa misericordiosa de nos mostrar o verdadeiro caminho que leva ao Seu Reino Eterno.

60

O que é produto da atividade humana no mundo material resulta sempre difícil, complexo saturado do mau ambiente, das vibrações negativas das guerras, da violência, da corrupção, dos sentimentos inferiores, dos instintos da animalidade e frequentemente, de suor e sangue.

Mas, contrariamente, tudo o quanto se refere ao mundo espiritual superior é simples, claro, elevado, edificante: criar, trabalhar, servir, ajudar, sofrer, compreender, perdoando e esquecendo e abençoando sempre, pois que tudo traz em si mesmo, predominante e evidente, o traço luminoso de Deus, que se afina com a alma, com a luz, com a beleza e a eternidade.

Esta é a imagem ideal formada pelos que caminham mais depressa, nas pegadas do Mestre.

Fomos criados para o Bem.

Usamos corpos que são unidades maravilhosas na estética, na harmonia, no movimento, na resistência;

desta forma, tudo o que vem de fora e atente contra eles, deve ser elemento negativo, desafim, prejudicial.

Mas se, como Espíritos que os habitam, transgredirmos as leis naturais, degeneramos, saturando-nos de vícios, defeitos, paixões; se nos contaminarmos com maldades, impurezas, então nos transformaremos também em unidades negativas e tudo o que vier de fora e nos afetar será afim conosco e vibraremos na mesma sintonia destrutiva.

Esforcemo-nos, pois, para nos evangelizarmos, nos mantermos em harmonia sintônica incompatível com o mal, a dor, o sofrimento; aptos a vivermos em mundos onde a luz predomina e não as trevas, onde a beleza, a pureza e o bem-estar são condições naturais de vida.

Mas, para chegarmos a esse ponto, merecer essa posição, teremos de nos livrar do passado, vivendo um presente construtivo, vibrando em teor elevado, acima da tonalidade baixa da Terra.

A Escola de Aprendizes do Evangelho é auxílio poderoso para essas conquistas do Espírito e visa não só a preparação do aluno para o discipulado de Jesus, as exemplificações evangélicas que devem ser dadas nesta encarnação, como e consequentemente, a formação dos futuros habitantes desses mundos mais perfeitos, onde o Evangelho e a sabedoria são a lei.

61

É comum ver-se que amamos a Deus quando tudo vai bem, nada nos falta do essencial à vida; mas blasfemamos quando a dor se apresenta para cobrar contas antigas não pagas.

Assim sendo, sentimos as coisas justamente ao contrário do que deveria ser, pois devemos amar a Deus em todas as circunstâncias, acima de todas as coisas e agradecer-Lhe os momentos de sofrimento transitório, que são oportunidades de nos libertarmos dos erros para prosseguir mais rapidamente em nossa caminhada evolutiva.

62

Mente e coração, isto é, intelecto e sentimento, são polos diferentes, modos diferentes de compreender e de sentir a vida, caminhos opostos da evolução nos mundos materiais; mas, quando conjugados, são a perfeição.

Após as experiências que se fazem e se obtêm por meio das dores, frustrações e sofrimentos, intelecto e sentimento, finalmente amadurecidos, se unem no campo de um entendimento maior e mais completo, no culto do amor evangélico, estendido a todos os seres, indistintamente.

63

"Jesus jamais abandona aqueles que a Ele se abandonam."

A vivência do Seu Evangelho é a conduta consequente dos que lhes são fiéis, é a integração aos seus ensinamentos.

Mas, nesse esforço sacrificial, nada se obtém de definitivo se não houver em nosso íntimo atitude positiva de entrega e sólida base de humildade e desprendimento.

64

Uma das exigências da exemplificação evangélica é tratar a todos com respeito e compreensão, e jamais se usar de violência, impiedade e arrogância, mesmo quando se possua em mão grande soma de poderes materiais.

A benevolência e a humildade são fatores indispensáveis no trato com os nossos semelhantes, asseguradores de cobertura espiritual, auxílio poderoso para se lutar e vencer as dificuldades inevitáveis, porque os valores materiais do mundo não servem para vencer os enganos do mundo.

O misticismo bem entendido, baseado na fé e no conhecimento, é uma força positiva de aproximação e de ressonância do Bem imanente, que permite viver e espiritualmente progredir sem emprego de recursos negativos, próprios do plano material e do homem retardado.

65

Os aprendizes consideram que todos somos luzes emanadas de Deus, submersas nas trevas da matéria e que devem voltar a brilhar nos céus.

Portanto, não se deve fazer nada com malícia, traiçoeiramente, visando iludir "porque na luz não pode haver trevas e tudo o que é feito na luz combate a treva e ilumina nossa rota, onde as trevas dominam".

66

O conhecer-se a si mesmo, além do mais, serve para nos acostumarmos a não julgar o próximo.

É grande a tolerância dos nossos irmãos espirituais para com os nossos defeitos, transgressões e reincidências; nossa melhor compreensão dos próprios erros nos assegurará esse auxílio enquanto vivermos, desde que sejamos humildes e tolerantes uns com os outros, sem falsidades ou excessos.

67

Se, inadvertidamente ou não, fizermos algum mal a outrem, enquanto não obtivermos o seu perdão, não poderemos evoluir, porque a evolução é integral do indivíduo e não de partes dele, em separado. Uma transgressão escraviza tanto quanto uma algema.

Um pequeno parafuso numa máquina poderá impedir que todo o conjunto funcione.

68

Várias e duras são as condições exigidas para nos redimirmos da vida nos planos ainda retardados.

Uma única frase, entretanto, mostra o rumo certo, para o qual não há desvios, "amar ao próximo como a si mesmo".

Mas não teoricamente e sim com sinceridade e realidade; não uma vez por outra, quando surge uma oportunidade eventual, mas permanentemente, como regra de conduta habitual, a começar do lar.

O amor ao próximo não nos obriga a fazer grandes coisas, acima de nossas forças; o amor é sentimento suave, que tem força em si mesmo, bastando que haja sinceridade na sua emissão e que façamos aquilo que está em nossas possibilidades. Uma prece com amor vale mais que mil promessas...

69

Indispensável ao aprendiz é evitar a maledicência nas suas mais sutis modalidades. Não falar mal de ninguém, mesmo quando isso for justo, porque não devemos julgar ninguém, visto que todos vivemos e agimos dentro das leis preestabelecidas por Deus, que vigem para toda a criação e abrangem também o mal, porque o livre-arbítrio é uma dessas leis.

Precaver-se o mais possível contra a maledicência; não tomar parte em conversações nas quais se fala mal dos outros. Esta abstenção já é por si mesma uma forma disfarçada de amor.

Uma boa regra é, ao tomar qualquer decisão, ou praticar qualquer ato, indagar: isto prejudicará outras pessoas?

Esta regra é respeito e consideração pelos outros, uma forma também indireta de amor.

E há milhares delas à espera de que as apliquemos...

70

Na vida espiritual, as responsabilidades são sempre apuradas; a conta dos débitos é sempre apresentada aos devedores, um por um, no tempo devido; e ninguém se livra desta cobrança, nesta ou em outras encarnações.

E quando se comete uma transgressão, ela se reflete também no Plano Espiritual; e para nos libertarmos definitivamente, devemos pagá-la nos dois planos.

As leis de Deus são de curso invariável e perfeita e eterna é a Sua Justiça. Essa inflexibilidade, a muitos parecendo injusta, resulta em benefício de todos, por sabermos que, em qualquer tempo, no caso de errarmos, teremos julgamento justo e perfeito e com o acréscimo da misericórdia divina, sempre presente.

71

Na Escola de Aprendizes do Evangelho, ao termo final da custosa preparação, à hora do ingresso na Fraternidade dos Discípulos de Jesus, os servidores defrontam com as seguintes alternativas:

a) ou avançaram firmemente no terreno da luta contra si mesmos; eliminaram vícios e parte dos defeitos morais com os esforços e a boa vontade que foi possível, apresentando-se agora a Jesus com sua alma limpa e tranquila e seu coração ansioso pelas novas investiduras a receber como discípulo;

b) ou, diferentemente, conseguiram aprovação na conformação dos regulamentos da Escola, mas não alcançaram esse ponto mais alto de autopurificação íntima, apresentando-se com dúvidas e reservas de consciência, por não saberem se podem ou não, devem ou não arcar com as responsabilidades espirituais de arautos e testemunhadores do Divino Mestre na Terra.

Se as dúvidas existem por minimizarem suas responsabilidades, nada impede aos discípulos, que venham a tornar-se bons trabalhadores, iniciando a tarefa prudentemente e só se lançarem definitivamente quando se julgarem fortificados em si mesmos; mas se vacilam por má vontade ou temor de arcar com responsabilidades, isso prova que não têm ainda qualidades para serem discípulos verdadeiros.

O sinal de reconhecimento do verdadeiro discípulo é a confiança em si mesmo e na elevada condição espiritual da tarefa a desempenhar; como também o cumprimento da leganda cristã de amar ao proxímo como a si mesmo.

Na execução do trabalho de dar testemunho dos ensinamentos do Divino Mestre é essencial que o façamos com amor e espírito de fraternidade.

O importante não é o resultado mesmo do trabalho, que passa a depender de outras interferências, mas sim o fato de havermos cumprido nossa tarefa com sinceridade, humildade e desprendimento.

Desta forma, conseguiremos levar a bom termo as tarefas, seguindo firmemente nos rumos que nos forem traçados, sem preocupações com interesses outros que a sua própria execução.

E essa colaboração será meritória e sempre crescente porque, dia por dia, cresce o número de irmãos nossos necessitados de auxílio e de esclarecimento espiritual.

Determinada a meta e indicado o rumo, só resta ao discípulo seguir por ele sem vacilações ou desvios, até que a tarefa seja cumprida em plenitude.

Este é o trabalho que engrandece o discípulo e o torna merecedor da confiança do Divino Mestre.

O trabalho que constrói e assegura a ascensão espiritual, em Espírito e Verdade, para o Seu Reino Eterno, ao termo dos testemunhos.

FALANDO AO CORAÇÃO

COMENTÁRIOS

1

Tudo em nossa vida depende de Deus – o Criador – porque Ele é que sabe o que mais convém aos filhos que gerou.

O importante é cuidarmos de nosso aperfeiçoamento espiritual constante, da purificação de nossos sentimentos e pensamentos, com base no amor aos semelhantes, porque o amor é a força primeira, a mais poderosa e fundamental, a mais positiva e fecunda, porque é a base da própria Criação Divina.

Dentro dessa lei seremos fortes, estáveis, não daremos passos em falso e construiremos com segurança nosso futuro espiritual, apressando desde já a nossa evolução, rumo aos mundos angélicos.

2

Importante, no ponto em que estamos, como discípulos de Jesus, é não apenas pregar o Evangelho, como alguns propõem, mas identificarmo-nos com ele, vivermos segundo os ensinamentos que ele contém – "para que a nossa vida fale mais alto que as nossas palavras".

O esforço espiritual que fizermos nesse sentido será decisivo para marcar nossa posição espiritual na trajetória evolutiva, beneficiados como já somos com a posse de conhecimentos redentores.

Não pode haver vacilações: ou seguimos a Jesus, libertando-nos das sombras, ou permanecemos nelas, dominados pelos instintos inferiores, sem saber quando poderemos nos libertar.

3

Mesmo depois de inscrito na Fraternidade dos Discípulos de Jesus, o discípulo deve prosseguir no esforço meritório da Reforma Íntima, aprimorando-a.

4

Nos transes evolutivos da vida inferior, quando as lições espirituais são desprezadas, ressurgem invariavelmente as inferioridades, na forma de sofrimentos e resgates dolorosos, pelo tempo que for necessário.

Quando chega a hora de abandonar o corpo físico e que tudo desaparece nas sombras e na insegurança da morte, somente o Bem prevalece como luz que alumia o caminho, assegurando ao Espírito uma vida mais feliz nos novos horizontes da vida espiritual.

5

Nunca se deve esperar retribuição pelos serviços que prestamos ao próximo, porque quando o fizermos, já fomos beneficiados pela oportunidade do testemunho evangélico e o cumprimento da lei divina da fraternidade.

O discípulo sabe que para receber é preciso primeiramente dar, e que a ação evangélica nos mundos baixos como o nosso é sempre sacrificial e, somente assim se atinge com mais rapidez o alvo no coração dos beneficiados.

6

Vivemos em meio a incertezas, dúvidas, crueldades, perjúrios, traições, agressividades e outros sentimentos subalternos, mas tudo encontra o seu termo na morte igualitária e saneadora que, na imagem feita por um Espírito bondoso e evoluído, "restitui às nossas almas os bens ou os males que semeamos nas almas dos nossos semelhantes".

7

É instrutivo considerar que "o tempo que faz a noite é o tempo que traz o dia" e "os gemidos no reino das almas não são diferentes dos gemidos no reino da carne".

"E se desanimarmos no esforço de cada dia para manter nossa posição por cansaço ou por fastio, reparemos a situação dos que choram na retaguarda."

8

O pensamento é a ideia espiritual exteriorizada e formulada de maneira a poder ser reenviada para fora, ao meio ambiente exterior.

9

Tanto o médium como o doutrinador, nos trabalhos de assistência espiritual, P3B[5] por exemplo, devem predispor-se previamente a tratar os obsessores com bondade e paciência, jamais estimulando recordações que possam feri-lo.

Se os obsessores forem tratados com boa vontade e compreensão, suas interferências serão mais facilmente atendidas e não sobrará mal algum para os operadores.

10

O amor verdadeiro tudo dá e nada pede, e o gesto da doação é um ato de bondade e de renúncia, na alegria de transmitir a essência da própria vida.

---

[5] P3B também conhecido como "tratamento de perturbação espiritual grave" ou "tratamento de desobsessão". Ver capítulo 15 de *Passes e Radiações*, do mesmo autor (Nota da Editora).

11

O Espírito possui um sacrário no mais íntimo de sua estrutura psíquica, onde a sabedoria e o amor de Deus se manifestam por meio das vozes sem som da própria consciência.

12

A prece é o luminoso caminho entre o coração do homem e a fonte da infinita bondade. É o refúgio da alma nas necessidades e a esperança de se poder vencer as agruras dos caminhos difíceis da vida encarnada.

13

"Cada Espírito no mundo tem de subir sozinho o calvário de sua redenção", como Jesus exemplificou subindo o Seu.

14

A fé pertence, sobretudo, aos que trabalham e confiam, estando sempre prontos para Deus, a quem o homem de fé é sempre fiel.

15

"Até que o reino de Jesus se estabeleça na Terra, não se conhecerá o amor verdadeiro."

16

Os chamados "Quinhentos da Galileia" são aqueles que presenciaram a despedida de Jesus e consigo mesmos se comprometeram aos testemunhos evangélicos. Perseguidos, dispersados e mortos muitos deles, permaneceram fiéis e, durante o cristianismo primitivo, plantaram com seu sacrifício as raízes do Evangelho no mundo. A eles, em grande parte, devemos a herança que usufruímos hoje.

17

Nos tribunais divinos, todos prestaremos contas de nós mesmos e compreenderemos que o instante da morte do corpo físico é o dia do juízo para todos os encarnados neste mundo.

18

Sem renovação, não pode haver progresso espiritual, mas toda transformação nesse campo é vagarosa e difícil.

Isso obriga a iniciá-la em nós o mais depressa possível, enquanto estamos neste mundo de provas e expiações que é a Terra.

19

Para os discípulos que já passaram a fase da preparação e possuem conhecimentos mais amplos, o Evangelho pode efetivar-se em obras imediatas. Basta que tentem e se mantenham ligados ao Mestre, porque assim jamais conhecerão desamparo ou desequilíbrio.

Tenham presente que é sempre melhor fazer primeiro, demonstrar primeiro, para ensinar depois, em vez de ensinar sempre e não fazer nunca, esperando oportunidades melhores.

20

Sendo a dor e os sofrimentos nos mundos baixos o recurso mais valioso para se operarem nas almas humanas as transformações morais que levam à redenção, os testemunhos só se podem dar com sacrifícios, renúncias e profunda humildade, rompendo com todos os elementos inferiores que formam o consenso social do mundo material.

Por isso Jesus, para dar exemplo, entregou-se completamente ao sacrifício da cruz, mesmo quando podia abrir mão desse recurso doloroso.

Possuía todo o poder, toda a sabedoria, mas igualou-se no sacrifício aos criminosos, em meio aos quais morreu no Gólgota.

21

As religiões deste mundo são muitas e todas se julgam possuidoras de Deus, mas muito raras são aquelas que pertencem a Deus, seguem Suas leis e dão testemunho dessa divina subordinação.

22

A excelsa virtude da fé não é conquista do mundo exterior, mas do mais íntimo da alma, e nessa conquista cada um de nós é operário de si mesmo. E depois de conseguida essa virtude, é necessário defendê-la das contaminações do meio ambiente corruptor, irresponsável e utilitarista.

23

A felicidade do homem não consiste na abundância de bens materiais, mas naquilo que semeia nas almas necessitadas de orientação e auxílio.

24

Os discípulos devem ter sempre em vista que, nas tarefas, toda glória pertence a Deus, sendo eles simples executores gratificados com as oportunidades de serviço meritório.

Na Sua justiça e sabedoria, o Pai julgará o quanto de sinceridade houver no coração de cada um, para provê-los de novas oportunidades de trabalho redentor.

O discípulo dá o que possui de melhor e mais puro em si mesmo e receberá o grau de progresso ou elevação a que faz jus e que depende do julgamento divino.

25

Diariamente, semeamos e colhemos para o bem ou para o mal, mas o discípulo semeia sempre em bem do próximo na seara abençoada do Mestre, e colhe no seu íntimo os frutos do seu trabalho.

26

O discípulo bem preparado reconhece a necessidade dos testemunhos, lembrando-se do Mestre; vai ao encontro d'Ele e a Ele se submete, consciente e determinado, porque sabe que sem testemunhos não há elevação espiritual possível e, sem a crise temerosa do sofrimento e da morte, não há ressurreição para uma vida mais perfeita.

27

Devemos nos guardar dos maledicentes e dos maus obreiros que nada constroem no campo espiritual e destroem todo o esforço individual que visa colaborar, servir, ajudar; e sempre descobrem meios de diminuir o esforço alheio, realizado humildemente no sentido do bem.

28

Tanto para os aprendizes como para os discípulos, a esperança é a luz que não se apaga e ilumina os caminhos até muito longe.

Nos sofrimentos, nas dores, nos desenganos, no mais extremo da infelicidade, a esperança está sempre de pé, é a força que sustenta o caminheiro na sua rota.

É uma dádiva de Deus às legiões inumeráveis de necessitados e sofredores nos graus inferiores da dolorosa romagem terrestre.

29

Viver segundo o Evangelho, aplicando a conduta recomendada pelo Divino Mestre, é certo que conflita com a vida comum nas suas leis, regras, hábitos e costumes, havendo funda incompatibilidade.

Ainda não sendo regra para os aprendizes e discípulos, as possibilidades de entendimento e o trabalho de difusão sofrem restrições de muitas espécies. Mas o discípulo segue a seu rumo, visando metas certas e justas, sem se deixar esmorecer ou desanimar pelas dificuldades encontradas, cumprindo assim o seu dever perante a sua consciência e perante o Mestre.

30

Inúmeras são as instituições existentes que enchem os arquivos com códigos, leis, regulamentos, estatutos e constituições.

"Podemos superar intelectualmente qualquer destes empecilhos, mas o que importa não é nos acomodarmos com criações meramente humanas, que satisfazem interesses humanos, mas sim, integrarmo-nos nos ensinamentos de Jesus, que são redentores do Espírito que evolui, que exigem que nos transformemos para o bem com a elevação de nossos sentimentos e pensamentos."

"O Mestre escreverá nas páginas vivas de nossa alma os Seus próprios e divinos estatutos de eterna significação evolutiva."

31

Há pessoas versáteis que creem e descreem com a maior facilidade, o que prova que nada possuíam de sólido e firme no seu íntimo; nada aprenderam ainda do verdadeiro sentido espiritual, bastando um desejo contrariado, uma frustração passageira, para mudarem o modo de sentir e de agir.

Fazem número, mas nada de sólido constroem nos seus caminhos evolutivos e não têm nada do Cristo para dar.

32

Um dos maiores obstáculos à concepção evangélica da universalidade e da paternidade celeste, é o personalismo (egoísmo civilizado), e o orgulho, (egoísmo animalizado) com seus correlacionamentos de força bruta, crueldade, prepotência, mandonismo.

É preciso superar tudo isso, vencer o espírito de separatividade para se desenvolver em nós essa ideia de vida universal e seus correlacionamentos: igualdade de direitos e deveres, origem e destino comum, etc.

O espírita verdadeiro, cristão convicto e evangelizado, com muita facilidade penetra nessas ideias, recebe-as e aceita-as porque esse é um dos fundamentos dos ensinamentos de Jesus.

33

A virtude da fé é a força que mantém o homem nos caminhos da redenção, elevando-se, purificando-se, sublimando-se nos conhecimentos e nos testemunhos evangélicos; é luz e força de sustentação.

"Não há iluminação sem a expulsão das sombras, nem elevação sem o suor da subida."

34

Para os aprendizes e discípulos, é bom que leiam o Evangelho de João 16:1, no tópico em que Jesus chama a atenção dos seguidores para as dificuldades da testemunhação.

Entre as citações feitas, que o tempo já se incumbiu de afastar, permanecem várias outras que devem estar presentes em nosso Espírito, para que estejamos sempre preparados para suportá-las com bom ânimo e superioridade de entendimento.

35

As perspectivas dolorosas dos acontecimentos que se aproximam devem levar-nos a nos inteirar melhor dos ensinamentos e recomendações do Divino Mestre inscritas no Evangelho, justamente para esses dias de maior necessidade de orientação e auxílio, para que deem seu testemunho compreendendo, agindo e perdoando.

Grandes lutas e grandes provas virão, nem sempre de círculos adversários, mas de esferas mais íntimas, daqueles que mais amamos, que comem conosco no mesmo prato.

Porém, sofreremos e seguiremos adiante, para provar que somos realmente discípulos, que a fé mais profunda sustenta e ilumina.

36

As civilizações que se sucederam, montaram a vida humana de forma que satisfizesse a todos os seus desejos e conveniências; isso forma suas leis e por elas vivem e morrem.

Mas muito diferentes são as leis da vida espiritual. A começar do próprio ambiente material, que é tido como sólido e definitivo, quando não passa de pura ilusão, pois que o mundo material visível é uma simples aparência, uma simples condensação do fluido cósmico.

Assim, as ideias humanas, elaboradas sob bases ilusórias, só têm de verdadeiro a contraparte, aquela que não se vê, mas que é dada como a única verdadeira. Esta é uma das chaves-mestra que abrem todas as portas do conhecimento espiritual.

Desta forma, perdoaremos os que nos fazem mal, amaremos sem esperança de retribuição, pagaremos o mal com o bem, receberemos adversários como instrutores, daremos a face esquerda quando a direita foi batida, tudo exatamente como o Evangelho ensina e como Jesus exemplificou.

37

A maior força ou poder que nos pode proteger em nossa luta pela difusão do Evangelho é vivermos nele, para que Jesus viva em nós, orientando, inspirando, engrandecendo espiritualmente, para que nossas atividades sejam abençoadas e produzam frutos de eterna duração.

38

Nenhum discípulo poderá seguir a Jesus de forma legítima e verdadeira, se não possuir em si mesmo capacidade de sacrifício, pois este é o caráter natural e espontâneo do trabalho evangélico: esquecer de si mesmo e devotar-se aos semelhantes, não somente no tempo quanto ao trabalho mas, sobretudo, no seu caráter de desprendimento, de amor e sincero desejo de servir, beneficiar, seja qual for o esforço a dispender.

39

Toda colaboração deve ser dada com alegria, porque, servindo ao próximo, servimos a Jesus e a nós mesmos.

A humanidade é formada de seres humanos iguais a nós mesmos e cujo destino é o mesmo que o nosso; filhos de Deus como nós, a maioria retardou-se na evolução, sofre agora as consequências desse atraso, que deve ser compensado com maior aproximação das fontes da revelação.

Nessa tarefa, os discípulos podem prestar inestimáveis concursos, e para eles é que o Divino Mestre no momento apela confiadamente.

40

No atendimento caridoso das necessidades, legiões de auxiliares são indicadas pelo Mestre que a todos beneficia com o seu desvelado amor.

Os discípulos têm destacada posição e grande e merecida é a expectativa sobre seu desempenho valioso, porque foram preparados especialmente para essa dignificante tarefa.

Na sua trajetória evolutiva, esta é a hora feliz em que poderão devotar-se às tarefas, segundo sua capacidade e sinceridade, dando assim um grande impulso à sua evolução espiritual.

41

A missão do discípulo não é somente introspectiva, de levantar as mãos e glorificar o Mestre; a tarefa é devotar-se aos semelhantes para encaminhá-los na senda da redenção, exigindo deles o que o Evangelho exige de todos.

Os discípulos, além disso, são o espelho no qual os necessitados de orientação veem refletir-se as virtudes que eles recebem como ensinamentos.

Sobretudo, nas áreas de sofrimento físico, das dores e das misérias da carne ou da ignorância espiritual, os discípulos devem dar exemplo, servir de modelo, dando assim mais força e autoridade aos ensinamentos que transmitem, porque o Evangelho é ação pura e constante no sentido do Bem.

42

Jesus tudo pode, porque imensos são os Seus poderes espirituais como Espírito divinizado da esfera crística, mas necessita da cooperação de seus auxiliares para a ação em nosso mundo material, pois que estes formam o Seu corpo de trabalho na Terra para a efetivação de Sua obra redentora.

43

O crente comum, ante a necessidade, poderá dizer: "farei minha prece e pedirei a Jesus o que for preciso";

mas o discípulo procede diferentemente: esforça-se, luta, sacrifica-se para obter e dar o que é preciso e só então, não o conseguindo, comparece ante o Mestre, porque está dito que para receber é preciso primeiramente dar.

No curso da tarefa, quantas vezes não desejou levantar as mãos e pedir ajuda, mas em tempo se lembrou da regra e voltou ao trabalho, resoluto e sincero no seu desejo de dar o testemunho devido; e então verificou que as próprias forças que desencadeou com suas atividades, trouxeram a solução para o problema que o angustiava.

Todos temos em nós mesmos possibilidades de realizar o Bem e servir aos nossos semelhantes necessitados, e agimos confiadamente porque o Divino Mestre, com o Seu amor, nos dá o respaldo divino e supre qualquer fraqueza momentânea.

FRATERNIDADES DO ESPAÇO

1
PREÂMBULO

Este texto contém um apelo sincero e afetivo que se faz aos discípulos que permanecem afastados do convívio dos seus companheiros, irmãos de crença e de destinação espiritual, bem como àqueles cujas atividades espirituais estão muito aquém das necessidades da difusão evangélica no grave momento que passa.

Fazemos aqui nossa solicitação para que voltem ao aprisco do Divino Pastor, pois que as alegrias das tarefas felizes e dos deveres bem cumpridos devem ser partilhados por todos os servidores, com humildade e reverência, em qualquer tempo e sem temores de tardios arrependimentos.

O Autor

2
FRATERNIDADES DO ESPAÇO — SUA INFLUÊNCIA DOUTRINÁRIA NO MOVIMENTO ESPÍRITA

O termo "fraternidade", utilizado para designar agrupamento de pessoas ligadas entre si pelos mesmos desejos, ideais e objetivos, na essência significa irmandade, amor, aproximação, formando seus membros uma mesma família ou comunidade e, por extensão, uma mesma nação, povo ou raça, provindos de Deus, Criador e Pai, que a todos dá vida e destino por igual.

Significa ainda, por extensão, a realidade de nossa destinação com os seres vivos que evoluem neste orbe ou em qualquer outro do infinito.

Mas os habitantes de mundos ainda imperfeitos como o nosso, em sua maioria, ao invés de cultivarem essa preciosa segurança de unidade, voltam-se uns contra os outros, pensam e sentem com recíproco sentimento de agressividade ou, no mínimo, de separação, como se inimigos fossem, o que é absurdo, porque a diversificação de condições evolutivas não invalida a unidade de origem e de destino.

Mas isso ocorre porque ainda estamos muito ligados aos instintos da animalidade inferior, por onde transitamos na evolução, quando os sentimentos dominantes são o egoísmo, a brutalidade e a competição individual para a sobrevivência do mais forte.

Entretanto, com os conhecimentos que já possuímos hoje, era de prever que sentíssemos e pensássemos de forma mais justa e lógica porque, como filhos do mesmo Pai Criador, cujas leis têm base fundamental no amor e não no desamor, que é antítese da própria vida universal, já conhecemos das verdades espirituais o que basta para uma vivência de maior sabedoria.

Portanto, o conhecimento do que seja fraternidade implica, antes de mais nada, no conhecimento e na prática das leis divinas da Criação que, muito embora sejam ainda desrespeitadas pelos homens nestes dias, amanhã serão estes por elas mesmas julgados no curso da própria evolução.

Na evolução por meio dos reinos da natureza, as mônadas, ao penetrarem no reino humano, com seu psiquismo em início de formação, unem-se, criando comunidades mais ou menos numerosas; e para cada um desses agrupamentos existem Espíritos protetores que recebem diferentes classificações, como sejam: "Espírito de grupo familiar" – "Espírito protetor da tribo" – da nação, da raça, igualmente como sucede na comunidade dos vegetais e animais, quando se apresentam como "almas-grupo", porque realmente corporificam o agrupamento, cujos membros ainda não possuem condições de vivência individual.

Nos agrupamentos humanos em formação, esses Espíritos protegem-nos, dominam-nos e são respeitados como deuses.

Essa mesma insuficiência de individualização dá também lugar a que seja secundário o nome pessoal do indivíduo, predominando o do clã, da tribo, da família e até mesmo o da procedência.

Nos livros antigos, como na Bíblia, observa-se esse costume a cada passo como, no caso de procedência: Ataor, de Nilópolis; Paulo, de Tarso; Judas, de Kerioth, etc. E, no caso de predominância do valor família: Jochanan Ben Joseph (o termo "ben" significando "filho de").

Semelhantemente, os casamentos nesses tempos se davam dentro da própria tribo ou família, sempre diluindo-se a individualidade na comunidade.

Desta forma, nesses tempos mais recuados, diz um Instrutor Espiritual: "os Espíritos protetores dominavam os agrupamentos humanos pelo sangue".

Mas, evoluindo com o tempo, o ser humano encarnado na Terra, já foi ganhando consciência de si mesmo e, como é lei nos planos etéreos, os agrupamentos ou aproximações se faziam por afinidades vibratórias, enquanto o conceito de família se expandiu e se aproximou um pouco mais do sentido amplo de comunidade, conquanto lhe falte ainda até hoje o sentido universal da unidade, desejado por milhões, mas combatido também por milhões, como a indicar que ainda é cedo para a justa compreensão e vivência dessa realidade espiritual.

Isso, todavia, não proscreve mas, muito ao contrário, enaltece aqui o valor, a necessidade da manutenção da família, onde se reúnem Espíritos devedores uns para com os outros de proteção e reparação e que se unem justamente para a eliminação das dívidas do passado, a serem resgatadas preferentemente pelo amor e pela compreensão, o instituto familiar, portanto, facilitando as aproximações e as soluções indispensáveis.

É verdade que nos dias em que vivemos, por efeito do materialismo científico mal interpretado, dominam influências contrárias que podem e tendem mesmo a levar à destruição e não ao aperfeiçoamento da vida humana encarnada; mas, por isso mesmo, a evolução justa se processa nas esferas do pensamento espiritual, não nas do intelectual; nas correntes cristãs verdadeiras e similares e não nos arraiais materialistas onde predominam, com ainda maior expressão negativa, os instintos da vida animal, escudados nos avanços científicos desinteressados dos sentimentos e negadores do próprio Espírito.

Tudo isso leva à desagregação e à desmoralização da família e da sociedade humana mas, como é sabido, este fenômeno sempre ocorre e até mesmo caracteriza o fim dos períodos de civilizações e precede sempre os selecionamentos espirituais evolutivos.

No sentido evangélico, portanto, o que se deve sempre buscar é a comunidade dos sentimentos, o ideal coletivo de autoaperfeiçoamento, visando à conquista do Reino de Deus, que é uma herança humana, a esperança e a capacidade de realizações espirituais construtivas, que assegurem o progresso e a ascensão do Espírito nas rotas do Infinito, e o combate à predominância de valores mundanos transitórios, por mais atrativos que sejam.

* * *

Essa é a versão do espiritismo cristão, doutrina racional que elimina as imperfeições, os negativismos, os desvios da moral; que revive em nosso tempo o Cristianismo Primitivo, configurado nos ensinamentos de Jesus legados à humanidade como orientação e norma de conduta salvadora, individual e coletiva, com vistas à fraternidade universal.

Resumindo, há pois que distinguir do que estamos expondo primeiramente o conceito natural e geral da fraternização, isto é, a irmandade dos homens na paternidade de Deus; e depois o sentido mais particularizado de fraternidade, como agrupamentos eventuais de seres humanos que se unem sob um lema, uma bandeira, uma finalidade determinada de evolução ou de realizações espirituais, muito embora estas levem quase sempre a restrições e condicionamentos próprios, aliás, da atual e imperfeita natureza humana.

Nestes dias em que estamos vivendo, dentro de uma intensa expectativa de acontecimentos apocalípticos, é imperativo que seja incrementada a formação de agrupamentos doutrinários sérios, afins e solidários com o ideal evangélico cristão, visando somar recursos de resistência à desagregação da família e da sociedade – com o que já largamente nos defrontamos – formando assim uma rede bem firme, estável e consciente de suas verdadeiras finalidades e aspirações, para se efetivar a oposição a esse movimento negativo de desagregação generalizada e, ao mesmo tempo, se poder oferecer ao Plano Espiritual uma efetiva e sólida base de sustentação para as suas atividades redentoras em nosso plano.

* * *

As Fraternidades do Espaço têm oferecido, desde muitos anos, preciosa ajuda na execução das tarefas espirituais em nosso plano e o elo mais forte e dominante dessa cooperação é sempre o interesse pelo bem comum e, para os cristãos, é a difusão e a exemplificação no campo individual e coletivo, dos ensinamentos de Jesus e das realizações evangélicas, cuja vibração unitiva é de altíssimo teor e significação, por tratar-se de atividades do setor crístico.

Para melhor nos vincularmos a elas é de interesse conhecê-las com maiores detalhes, com informações sobre origens, objetivos, especializações de trabalho e capacidade operacional, porque, dessa forma, o entendimento não será unicamente teórico, abstrato, mas direto, confiante, efetivo.

Essas fraternidades não são mitos, entidades sobrenaturais ou superstições de fanatismo religioso, mas grupos coesos, firmes e conscientizados de trabalhadores integrados nas hostes aguerridas que obedecem à direção redentora de Jesus e, que nos embates da luz contra as trevas, que já envolvem o planeta nesses dias finais do ciclo evolutivo, se organizam para vencer, assegurando o domínio do amor e da paz, não havendo portanto tempo a se perder com hesitações, alheamentos ou dubitações de caráter aleatório e negativo.

* * *

Em 1940, fizemos os primeiros contatos com as Fraternidades, no início das atividades organizativas da FEESP, onde permanecemos, como um dos dirigentes, até 1967.

Quando o Espírito Guardião Nacional, Ismael, transmitiu a incumbência de se proceder a essa organização em bases cristãs evangélicas, assegurou todo auxílio espiritual necessário que, aliás, jamais faltou e se efetivou de imediato, de uma parte com a proteção da Fraternidade dos Cruzados, cujo efetivo, em determinadas ocasiões, tornava-se considerável e, de outra, com a assessoria de três membros da Fraternidade do Santo Sepulcro, que compareciam às reuniões de trabalho trazendo o pensamento e as instruções da Esfera Maior.

Essas entidades estiveram presentes até que se terminasse a organização quando, então, se retiraram, exceto uma delas, que permanece cooperando até a presente data, como protetora e representante de Ismael.

Para melhor conhecimento do assunto, faremos aqui um ligeiro retrospecto histórico das Fraternidades, começando pela dos Cruzados.

3
AS CRUZADAS

Na Idade Média, foi dado o nome de Cruzadas às expedições guerreiras organizadas na Europa nos séculos XI, XII e XIII, com o objetivo de retomar aos turcos e árabes os Lugares Santos da Palestina conquistados por eles.

Os participantes dessas expedições que, desde o início, tomaram o caráter de guerra santa e pecavam sempre por deficiente organização, adotavam nas vestes uma cruz vermelha; eram cristãos de várias nacionalidades e condições sociais, e seus comandantes eram os reis nacionais católicos-romanos, ou nobres de alta condição, que mobilizavam, cada um, os recursos humanos e o armamento de que dispunham.

Houve oito Cruzadas, que tentaram o empreendimento entre os anos 1095 e 1270.

A primeira, que partiu em 1096 e regressou em 1099, foi pregada na Europa pelo religioso Pedro

Eremita, que representava o Concílio de Clermont. Não teve êxito e foi desbaratada antes de atingir Jerusalém.

A segunda, da mesma origem, de 1147 a 1149, foi comandada pelo condestável Godofredo de Bouillon, que se apoderou de Jerusalém e estabeleceu ali um reino que teve, aliás, pouca duração.

A terceira, de 1189 a 1192, foi organizada para retomar Jerusalém, reconquistada por Saladino, Califa do Egito e da Síria, e teve como comandante os reis da França, da Alemanha e da Inglaterra. Não conseguiu retomar a capital, mas apoderou-se de São João d'Acre e firmou com Saladino um tratado que assegurava aos cristãos livre trânsito e garantia de vida para a visitação aos Lugares Santos.

As demais cruzadas foram se sucedendo com êxitos e fracassos durante vários anos, até a oitava e última, comandada por Luiz XI, rei da França, que em 1291 caiu prisioneiro dos sarracenos e morreu diante da cidade de Tunes, sendo os cristãos derrotados definitivamente e voltando ao poder dos muçulmanos todas as conquistas anteriormente alcançadas.

Entretanto, as Cruzadas não foram de todo inúteis, porque altamente benéfico foi o intercâmbio que se estabeleceu entre vários povos.

Um dos comandantes dessa terceira Cruzada foi Ricardo Coração de Leão, rei da Inglaterra, um dos Espíritos referidos atrás, da Fraternidade do Santo

Sepulcro que, desde 1940, colabora com o movimento espírita do Estado de São Paulo.

Os guerreiros que formaram os núcleos das cruzadas, no correr do tempo organizaram várias "ordens religiosas" de cavalaria, algumas das quais se tornaram poderosas e influíram em governos europeus; e até hoje algumas, com aspecto mais diplomático e beneficente que guerreiro e, nas legiões de Cruzados de Ismael, existem vários de seus membros que continuam a lutar e defender hoje o ideal crístico que os empolgava naqueles tempos heroicos.

Desde o início, em 1940, as Fraternidades do Espaço, como o dissemos, desempenharam papel importante na organização e funcionamento da FEESP, concorrendo cada uma com o seu contributo espiritual e dentro de suas próprias especializações de trabalho, para a grande expansão que a Casa[6] demonstrou até atingir o ponto de alto relevo social e doutrinário, observado até 1967.

Influíam na segurança, na manutenção da ordem, na proteção dos dirigentes, trabalhadores, na orientação de cursos e escolas implantados nesse período e nos atendimentos públicos para curas materiais e espirituais quando, então, somavam milhares de membros que estendiam seus acampamentos no Espaço, nas proximidades da Casa e suas dependências.

[6] Federação Espírita do Estado de São Paulo (Nota da Editora).

Nos dias de crise, quando a Casa se via ameaçada por multidões de entidades maléficas que tentavam amedrontar e criar embaraços ao fluxo considerável de frequentadores e necessitados, avultava grandemente o concurso dos Cruzados bastando, muitas vezes, a presença de dois ou três deles, montados em seus corcéis de guerra, para que essa multidão trevosa abandonasse o local e deixasse a área limpa e livre.

A segunda fraternidade que registramos foi justamente a já citada do Santo Sepulcro, cujos membros não passavam de 12. A terceira foi a Fraternidade do Trevo, cujo venerável é Razin, o irmão maior que, também, desde o início, vem prestando grande ajuda; seus membros especializam-se em trabalhos mentais e tarefas direcionais.

A partir desta última e, segundo as necessidades do próprio desenvolvimento de atividades da Casa, várias outras foram, com o tempo, se apresentando e sendo anotadas; foram dezenas delas, algumas das quais são aqui enumeradas nas páginas seguintes.

Em 1967, houve dispersão de várias delas mas, a partir de 1973, foram se reunindo novamente em torno da Aliança Espírita Evangélica como preciosos elementos de proteção e auxílio, sobretudo por se tratar de uma instituição de natureza essencialmente religiosa, dedicada à formação de servidores e discípulos e à testemunhação positiva dos ensinamentos de Jesus pela Escola de

Aprendizes do Evangelho, por meio da Reforma Íntima compulsória, imprimida aos seus programas desde a sua criação, em 1950, e outras valiosas atividades.

Somente a título de complementação, enumeramos em seguida alguns detalhes sobre a apresentação, procedência de dirigentes e especializações dessas fraternidades.

4
FRATERNIDADES PROTETORAS DA ALIANÇA ESPÍRITA EVANGÉLICA, NESTA DATA[7]

Fraternidade dos Cruzados

Desde 1940, atendeu e colaborou em todas as necessidades de assistência e segurança da FEESP. Incluiu vários membros que tomaram parte ativa nas históricas cruzadas da Idade Média.

Fraternidade do Santo Sepulcro

Desde esta data (1940), auxiliou a organização da Casa por intermedio de seus membros: Britânico, Lorenense e Lusitano, dos quais permanece até o presente o primeiro citado.

[7] 30 de Julho de 1978, data deste artigo (Nota da Editora).

Fraternidade do Trevo

Seu venerável é o orientador espiritual da Fraternidade dos Discípulos de Jesus e das Escolas de Aprendizes do Evangelho. Esta fraternidade adota extremo rigor na exigência de evangelização de seus membros e na distribuição de tarefas espirituais a executar nos dois planos.

Fraternidade dos Essênios

Venerável Hilarion do Monte Nebo. Inclui muitos dos antigos membros da fraternidade de mesmo nome, existente ao tempo de Jesus, na Palestina, e que colaboraram na implantação do Cristianismo Primitivo. Sua sede era no Monte Moab. Hilarion é autor de valiosas obras de pré-história.

Fraternidade da Rosa Mística de Nazaré

Patrocínio de Maria de Nazaré; influiu sobre as atividades de vários outros agrupamentos dedicados ao serviço do Bem do Planeta e na difusão evangélica em nosso País, bem como no exército da caridade espiritual nos dois planos.

Fraternidade do Cálice

Venerável Maria de Magdala, que abandonou sua posição e suas riquezas para seguir a Jesus, juntando-se aos Apóstolos. A primeira a quem Jesus se manifestou após sua morte para anunciar sua ressurreição. Dedicou-se ao atendimento de leprosos nos arredores de Jerusalém e morreu abandonada em uma gruta da Judeia.

Fraternidade dos Irmãos da China

Venerável Ling Fo. Inclui vários membros da antiga Fraternidade do Profundo Conhecimento. Dedica-se ao setor cultural e evangélico.

Corrente Índia nº 1 (brasileira)

Dirigente Itaporã. Dedica-se à proteção e auxílio a trabalhadores em geral, desde o início da organização da FEESP.

Corrente Índia nº 2

Dirigida por Brogotá, com as mesmas atribuições e antiguidade da anterior.

Fraternidade dos Irmãos Humildes

Venerável Bezerra de Menezes. Agrupa médicos e cientistas em geral, orienta trabalhos de cura e pesquisa, visando a mais ampla distribuição de benefícios a necessitados. Colaboram neste setor, entre outros: Pasteur, André Luiz, Eurípedes Barsanulfo e ainda Hilarion e Ramatis, em caráter pessoal.

Fraternidade dos Irmãos da Esperança

Dedica-se à salvação de sofredores nas regiões de trevas.

Fraternidade dos Filhos do Deserto

Formada por antigos nômades que seguiam o Precursor João Batista, ao tempo de Jesus e foram reunidos no Plano Espiritual por um deles, que os orienta. São beduínos da antiga Arábia Pétrea e se dedicam a trabalhos pesados e socorros em geral. São mais ou menos numerosos segundo as necessidades. Servem de escudo entre o bem e o mal aos corações valorosos que se dedicam ao serviço do Senhor. Acostumados às intempéries, às vigílias, aos ataques de emboscadas, a trilhar caminhos perigosos e areias movediças, não se iludem com miragens. Aproximam-se agora do plano físico e fazem parte da cúpula da Aliança, porém são mais diretamente ligados à Fraternidade dos Discípulos de Jesus.

Fraternidade dos Samaritanos

Filiados à Rosa Mística de Nazaré; dedicam-se ao auxílio a sofredores do umbral inferior.

Grupo de Judas

Filiado à Rosa Mística de Nazaré. Socorro a suicidas e auxílio a encarnações de Espíritos a evoluir em corpos doentes, com mente reduzida (tipo mongoloide). Patrocínio de Maria de Magdala.

Grupo da Castelã

Atendimento de doentes que encarnam com resgates pesados, inclusive jovens leprosos ao tempo de Jesus. Preparação de crianças para encarnações de resgate. Espírito de atividades ligadas aos planos crísticos.

Fraternidade do Triângulo e da Cruz

Venerável Ramatis. Antigos membros de uma fraternidade hindu, ávidos de conhecimentos novos e mais amplos, pediram reencarnação em várias regiões do globo que ofereciam condições para valiosas experiências. Unindo-se a esses novos companheiros, criaram o símbolo do Triângulo e da Cruz. São agora 5.000 e encontram-se espalhados pelo globo, razão pela qual são pouco conhecidos. Ramatís é autor de preciosas obras doutrinárias que muito têm auxiliado a divulgação de conhecimentos espirituais em nosso País.

Fraternidade dos Irmãos Hindus

Dedicam-se ao desenvolvimento das forças psíquicas e morais dos aprendizes. Trabalhos de atendimentos no setor de curas espirituais.

Fraternidade da Lei Áurea

O esforço que se desenvolve em nosso plano denso no sentido da evangelização pela Reforma Íntima, é fortemente apoiado no Plano Maior onde, em torno a Ismael se agrupam inúmeros colaboradores que cumprem compromissos assumidos desde o tempo de Jesus e durante o Cristianismo Primitivo e, aqui em nosso País, prosseguem lutando no mesmo alevantado escopo de serviço aos semelhantes.

Secundando esse trabalho atual, organizou-se junto a Ismael, entre outras, a Fraternidade da Lei Áurea, que congrega várias legiões, cada qual com seu dirigente responsável e diferentes classes profissionais de Espíritos que já serviram o País, quando encarnados, como entre outros Rui Barbosa, Duque de Caxias, Isabel de Bragança, Humberto de Campos, José do Patrocínio, Gonçalves Dias, Escragnole de Taunay, inclusive companheiros que trabalharam na seara espírita anteriormente, como Cairbar Schutel, Leopoldo Machado, Djalma de Faria, Militão Pacheco, etc.

Nessa Fraternidade há legiões de índios, de negros, de bandeirantes, de médicos, juristas, escritores, militares, todos compromissados a lutar por um Brasil melhor, mais feliz e evangelizado.

Observam-se também grupos de enfermeiras ostentando uniformes antigos e modernos, formando as equipes de Ana Néri, Scheila e Florence Natingale, que desenvolvem valiosa cooperação em vários setores de atendimento.

Cada uma destas legiões possui seu distintivo próprio e uma insígnia especial de identificação e reconhecimento.

Fraternidade do Profundo Conhecimento

Há muitos séculos, por ocasião da primeira invasão mongol na China, um missionário difundia o conhecimento da existência da essência divina em cada ser humano. Dirigia-se mais de perto aos jovens, na esperança de que as sementes não se perdessem no tumulto da violência, da morte e do materialismo.

Foram os primeiros a utilizar a cromoterapia; e alguns dos que lhes herdaram o nome e o ideal continuam a trabalhar hoje, agrupados na esfera de Ismael, condutor espiritual do nosso País. São velhos servidores que aderiram anteriormente à Fraternidade dos Irmãos da China.

Fraternidade dos Ucranianos

Trabalham na Rússia na orientação espiritual do povo, mas lutam com imensas dificuldades devido ao ambiente refratário e hostil. São algumas centenas, que se uniram após a última guerra. Dedicam-se preferentemente aos fenômenos físicos e recorrem ao nosso País para suprimento de fluidos e ectoplasma de que sempre carecem.

Legião de Joana d'Arc

Desde os trabalhos iniciais de 1940, esta Legião foi das primeiras a trazer seu precioso concurso e proteção espiritual. Reapresentou-se novamente agora e seus sinais físicos são cabelos castanhos claros, estatura mediana, olhos azuis acinzentados.

Informou que, antes de ser uma guerreira, serviu como vivandeira no Exército Francês, confortando os que morriam, cuidando dos feridos, socorrendo a todos os necessitados ao seu alcance e, mais tarde, muitos desses

Espíritos vieram servir no exército que comandou para expulsar os ingleses e repor no trono o rei Carlos VII.

Antes de ser aprisionada pelos ingleses, muitos dos Espíritos que acudiu a aguardavam no plano etéreo, por serem gratos e sentirem-se atraídos pela sua vibração espiritual. Após sua morte, localizaram-na e juntaram-se a ela, elegendo-a novamente sua orientadora, adotando como símbolo uma flor-de-lis brotando ao pé de uma cruz de Lorena.

Atualmente, dedica-se a tentativas de harmonização, para evitar derramamento de sangue e, nas batalhas, juntamente com seus homens, luta para abrandar os golpes, desestimulando os lutadores com a lembrança momentânea de Deus, porque ela já viu de perto como os homens se transformam em feras quando obrigados a combater, com a coragem nascida muitas vezes do terror e com a audácia, gerada pela cegueira momentânea proveniente da loucura coletiva da guerra.

E já viu também como se transformam nos êxitos, nas vitórias e como a bravata e o exibicionismo vêm a tona, juntamente com a ambição a embriagá-los, porque o poder intoxica e transforma o caráter humano, degradando-o.

Sobre a sede de suas atuais atividades, informou que se situa no Vale do Loire, na França, estando se destacando nestes dias para um determinado ponto do Atlântico, mais perto do Brasil, passando o Loire a ser um simples local de repouso. Ao se despedir, fincou sua bandeira na Aliança, com o dístico conhecido de Liberdade, Igualdade e Fraternidade, desenhado ao centro e em volta de um globo. E foi captado seu pensamento final quando se afastava: "Esse dístico é a representação de um ideal elevado, início de um movimento universal de redenção espiritual muito amplo, que corresponde ao chamamento de Jesus".

Fraternidade dos Irmãos do Egito

Dedica-se ao fortalecimento psíquico dos aprendizes e discípulos. Nação que guarda muitas das reminiscências da iniciação atlante antiga e na qual o grande missionário crístico Moisés nasceu e viveu.

Grupos dos Irmãos de Saturno

Cooperação para o transcurso do milênio; utiliza aparelhagem eletrônica avançada, de grande poder de ação, sobretudo contra as maléficas influências dos trabalhos pesados. Venerável: Eros.

Observações:

1) Além destes, existem no nosso Plano Espiritual outros grupos de servidores de outros orbes, que dão

franco apoio ao setor de evangelização e se dedicam ao atendimento de necessidades para curas espirituais em geral, utilizando processos mais avançados, não só na técnica empregada, como nos recursos intermediários (naturais, eletromagnéticos, fluídicos e vibratórios), por meio de aparelhagem altamente eficiente, inclusive para eliminação dos referidos envolvimentos malignos.

2) O número de fraternidades e grupos protetores de instituições espiritualistas, sobretudo de Casas Espíritas bem organizadas em bases evangélicas, não é permanente e alterna-se segundo as necessidades, tornando-se conveniente a providência de atualizações periódicas.

* * *

Considerada a boa vontade inexcedível da parte de nossos irmãos dos Planos Espirituais, que se devotam ao auxílio de nossos trabalhos de assistência material e espiritual, não se pode hoje conceber que milhares de discípulos, zelosamente preparados nas Escolas de Aprendizes do Evangelho, após tantos esforços, esperanças e devotamentos, por várias formas demonstradas, recolham-se espontaneamente a uma inatividade improdutiva e altamente prejudicial ao seu próprio futuro espiritual, como se aquela preparação tivesse sido um fim e não um meio de evoluir mais depressa e mais seguramente, ou como se tivessem terminado a tarefa justamente quando era hora de ser iniciada sob responsabilidade própria e com mais amplitude, visando alvos bem definidos de serviço aos semelhantes, cada um dos discípulos se apresentando como um esteio da obra do Divino Mestre na Terra, ou um testemunho vivo e eloquente de seus ensinamentos redentores.

Pois, para atingir a esses altos objetivos é que, justamente, foi criada a referida Escola de Aprendizes do Evangelho, em 1950, como padrão a seguir pela coletividade; e inaugurada, em 1954, ao termo da preparação da primeira turma, a Fraternidade dos Discípulos de Jesus. E, após duas décadas de fecundo labor, fundada em 1973, a Aliança Espírita Evangélica e, já então (como fruto da experiência) para repor em seus moldes iniciais a referida Escola e outras atividades correspondentes; e, ainda, em 1977, reorganizada e regulamentada a referida Fraternidade, em parte desviada de seus rumos verdadeiros por carência de dinamismo operacional, estiolamento, afastamento e dispersão dos discípulos.

É, pois, urgente mostrar a todos aqueles que querem olhar e ver, que a batalha espiritual apenas começa, com tendências a se ampliar e endurecer, nestes dias finais do ciclo evolutivo que estamos vivendo. E que esta é a feliz oportunidade que todos temos, como discípulos, de provar que somos dignos da investidura e capazes de manter o ideal e as aspirações que nos animaram no princípio da jornada; e de agir e viver por elas acima de quaisquer outras preocupações de ordem material e mundana, para que assim se defina e consolide, de forma positiva, o esforço comum dos dois Planos e a nossa vivência espiritual do futuro.

E infelizes, por efeito de retardamentos, serão aqueles que deixarem que a chama viva da fé e do amor aos semelhantes feneça em seus corações, com o esquecimento dos severos compromissos assumidos, tornando-se frios ou ausentes das atividades espirituais com Jesus; e, ao mesmo tempo, perdendo a oportunidade de, pessoalmente, reafirmarem a reconhecida autenticidade da Doutrina dos Espíritos, superiormente codificada pelo insigne missionário Kardec, e que foi dada ao mundo por Jesus, como uma aliança entre a vida e a morte, entre o céu e a terra, na finalidade divina da redenção espiritual da humanidade planetária.

O VALOR DAS MENSAGENS

1
PREÂMBULO

Tomando como ponto de referência a Bíblia, o livro sagrado de católicos romanos, protestantes e ortodoxos, vê-se que uma das mais expressivas e impressionantes características desse livro são as Profecias, que ocupam largo espaço no Velho Testamento (acontecimentos que se deram antes do nascimento de Jesus); e também se encontram, em farta messe, no Novo Testamento, na participação dos Apóstolos e seguidores e nas recomendações do próprio Divino Mestre.

Após um largo período histórico, no qual surgem as profecias de Nostradamus, voltam elas a se multiplicar com o advento do Espiritismo, na França, em meados do século passado, na forma de mensagens provindas de entidades desencarnadas, que ocorrem até o presente.

Mas, para os espíritas, a mais significativa de todas elas deve ser o Apocalipse de Jesus, por meio da mediunidade de João Evangelista, escrita no primeiro século do Cristianismo Primitivo, em Éfeso, no mar Egeu, em pleno curso das perseguições contra o rebanho, ainda tresmalhado, do Divino Pastor.

Realmente, o Apocalipse é uma grande e transcendente mensagem de Jesus que se destina a revelar, com antecipação de séculos, os acontecimentos históricos e cósmicos que devem dar-se nos dias que estamos vivendo, no decorrer do período final deste século atual, no transcurso para o Terceiro Milênio cristão, muito próximo de se iniciar na Terra.

Pois, para esse advento, inúmeras são as mensagens recebidas do Plano Espiritual, para conhecimento e como alerta para os homens incrédulos e levianos que "amam sua vida até a morte" e não se preparam para enfrentar, com dignidade e esperança, o selecionamento espiritual pelo qual a humanidade deverá passar.

São Paulo, fevereiro de 1980.

Edgard Armond

2
AS MENSAGENS

O intercâmbio atual com o mundo dos Espíritos torna-se dia a dia mais necessário e útil, sobretudo interessando a médiuns e dirigentes de Casas Espíritas.

Nas escolas e cursos em geral aos aprendizes e discípulos, convém sempre lembrar que as mensagens transmitidas pelos Espíritos Benfeitores, sobre temas evangélicos e doutrinários em geral, representam precioso auxílio para a compreensão e assimilação de conhecimentos doutrinários examinados sob os mais diversos ângulos.

Com essas mensagens, os Benfeitores espirituais ajudam a vencer as dificuldades que sempre se apresentam aos alunos no início do aprendizado, sobretudo na Reforma Íntima, quando são dados os primeiros passos, decisivos e conscientes, para o êxito da jornada evolutiva.

Os Benfeitores, que agem em nome de Jesus, evidentemente possuem maiores conhecimentos e mais larga experiência sobre as realidades da vida espiritual que generosamente transmitem, cumprindo o dever de ajudar a todos, orientando-os pelos caminhos que eles, Benfeitores, já percorreram na própria evolução.

Vemos em nosso país quão notáveis são os resultados obtidos pelos Instrutores que, há várias décadas, pacientemente, humildemente, vêm cooperando na difusão autêntica e verdadeira dos conhecimentos que a Doutrina dos Espíritos trouxe ao mundo, há pouco mais de um século, e que estão consubstanciados na magistral codificação operada pelo missionário Kardec, encarregado pelo Alto dessa transcendente tarefa.

Os Instrutores que colaboram em nossa Pátria, sob as ordens de Ismael – o preposto do Divino Mestre –, concorrem grandemente para que ela possa corresponder à sua gloriosa destinação de Pátria do Evangelho e Terra de Promissão.

A todos eles devemos manifestar nossa sincera gratidão, porque o êxito que houver, a eles também, em grande parte, é devido.

3
O CONHECIMENTO RELIGIOSO

Examinemos alguns destes assuntos do mais alto interesse espiritual em torno dos seguintes conceitos:

• A Criação Divina é universal e multiforme.

• Existe um número não revelado de universos.

• O amor é a condição íntima que assegura graus mais elevados de evolução.

A Criação inclui as partículas inteligentes e as energias plasmáveis formadoras dos mundos sólidos e etéreos.

A Entidade Criadora Suprema – cuja natureza não é também revelada nos mundos baixos e médios – deverá ser o único alvo da adoração dos seres humanos, mas, nos graus inferiores da evolução, estes se voltam mais para as manifestações exteriores do mundo fenomenal e adoram, intensamente, sua própria personalidade, quando não, por temor do desconhecido e a deuses fabricados ou imaginados por eles mesmos.

Isso lhes acarreta retardamentos evolutivos que a dor, elemento adequado às reações morais, leva à conscientização do Bem e, consequentemente, à ascensão espiritual.

Cada mundo possui o seu Espírito protetor e dirigentes responsáveis, aos quais as humanidades respectivas se subordinam.

Os Espíritos criados por Deus, no princípio, descem aos mundos sólidos para evoluir, tomando forma e vivendo em comunidade com seus semelhantes, para realizarem experiências, adquirirem conhecimentos e desenvolverem capacidade de fraternização.

Atingidos pontos altos da trajetória evolutiva, os Espíritos se libertam das encarnações e passam a viver nos mundos espirituais que lhes forem designados, face às afinidades vibratórias e à elevação espiritual conquistada até então.

A ascensão dos Espíritos criados não tem limites conhecidos e, à medida que ascendem a esferas mais elevadas, passam a colaborar no governo dos mundos, maiores ou menores, que formam os universos.

As partículas emanadas de Deus evoluem nos mundos materiais até que possam se transformar, ascendendo sempre, em chamas vivas de amor e sabedoria, nos reinos divinos.

Deus nosso Pai, criador soberano e misericordioso, derrama sua luz e a vida largamente sobre toda a criação; e nós devemos amá-Lo acima de todas as coisas e de todos e quaisquer outros interesses.

Ele é o Eterno Invisível, mas está sempre presente como essência de tudo quanto existe.

Concentramos em Jesus Cristo – Espírito Planetário –, criador e diretor do nosso mundo expiatório, nossa esperança, nosso esforço de colaboração e nossas atuais realizações evolutivas, porque Ele é o reflexo de Deus acessível ao entendimento humano.

Encarnou na Terra várias vezes[8], vivendo junto a nós como um simples ser humano e legou-nos, quando se retirou, a aproximadamente 2.000 anos, seus ensinamentos redentores. Tem-nos sempre sob sua proteção e deu-nos prova imorredoura de seu amor, deixando-se imolar na cruz para nos libertar da animalidade inferior, abrindo-nos assim caminhos largos e claros para a vida nos esplendores dos mundos superiores.

---

[8] Opinião não compartilhada por outros estudiosos do espiritismo (Nota da Editora).

4
A UNIDADE EM DEUS

O fim da evolução é a união em Deus, no retorno criativo.

Se buscarmos união com Deus, não com palavras, mas com a própria alma; com Deus, cujo amor envolve toda a criação, estaremos no caminho de um grande avanço espiritual, porque o amor é o elemento primordial, universal, da vida.

A unidade em Deus não pode ser feita diretamente por causa da inferioridade da nossa condição humana, e o meio mais seguro de nos aproximarmos dessa realidade é desenvolver a força do amor em nós, onde, aliás, existe em potencial, na centelha divina que somos nós mesmos e que há milênios espera por esse despertamento libertador; em seguida dirigir essa força para os nossos semelhantes, que são seres de nossa própria natureza e destinação e que, como nós, padecem dos mesmos defeitos e dos mesmos anseios de redenção espiritual.

Por isso é que Jesus disse que o amor ao próximo era a maior verdade e a mais alta realização espiritual ao nosso alcance.

Portanto, quando vibramos nessa sintonia, estaremos nos unindo a Deus; quando realizamos o Bem, com desprendimento pessoal, entramos na corrente universal e, pelo amor verdadeiro, nos unimos a Deus nosso Criador. Esta é a meta maior.

A essa altura, é fácil perceber que já não seremos mais homens comuns, mas seres angélicos, pois que a angelitude é o estágio imediatamente acima da condição humana.

O amor é o único caminho para se progredir mais depressa na evolução, porque, repetimos, a criação foi feita por amor e este sentimento, ou esta virtude do Espírito, é a finalidade da própria vida.

Instrutores espirituais indicam que vários Espíritos comprometidos nas lutas religiosas da antiguidade para a fixação da crença em um Deus Único, sobretudo na Ásia Menor e no Egito, servem atualmente no Brasil, onde encontram ambiente adequado para as renovações espirituais de que carecem.

Esta é uma das razões pelas quais são realmente notáveis e evidentes as afinidades vibratórias entre trabalhadores que colaboram na difusão do Evangelho de Jesus em nosso país.

E isso também se dá porque esta é a futura terra da promissão e, desde já, pode-se verificar a atração que exerce sobre os habitantes de muitas das nações do mundo.

Instrutores também informam que atualmente se processa no planeta um recrutamento intenso de recursos para o desencadeamento da investida final do Bem, simbolicamente narrada no Apocalipse de Jesus por meio da mediunidade de João Evangelista.

E os Espíritos apelam para aqueles que têm consciência da vida maior, sugerindo que se alistem nesse movimento construtivo de paz e harmonia, unindo-se em pensamento e ação, para a consolidação da poderosa corrente do amor na Terra.

Os aprendizes que hoje se inscrevem em nossas escolas de evangelização são pretendentes naturais à filiação nas legiões do Cristo que se formam no Plano Espiritual, restando, porém, que sejam incluídos na Fraternidade dos Discípulos de Jesus e, como discípulos encetem, desde já, sua luta pessoal a favor da redenção dos seus semelhantes.

5
BASES E DESENVOLVIMENTO DA PREPARAÇÃO

A síntese dos ensinamentos dados nas Escolas de Aprendizes do Evangelho corresponde às seguintes metas principais:

1) A conquista da redenção espiritual pela vivência consciente do Evangelho de Jesus.

2) O conhecimento da existência da mônada – partícula divina original –, núcleo espiritual do ser humano a exteriorizar-se permanentemente na autopurificação individual.

3) O meio mais simples de incorporar estas verdades maiores é o conhecimento de si mesmo e da

existência de Deus em nós, na forma dessa luz interna, independente do arcabouço físico formador da personalidade exterior, mundana, transitória.

4) A consciência dessa nossa existência em Deus, como reflexo luminoso e vivo que d'Ele somos, conquanto o ignoremos, é uma imensa força evolutiva, que nos dá segurança e nos impulsiona decididamente para as realizações construtivas do Espírito, hoje e no futuro próximo.

5) Nossos pensamentos, palavras e atos são percebidos por essa presença divina e imanente, e registrados pela luz etérea, que assegura a atualização perfeita e assídua dos arquivos da eternidade.

Jesus dizia: "Não sou eu que falo, mas o Pai que está em mim". Com essa frase, expressava uma verdade eterna e universal, dentro da qual vivemos, no mais das vezes, inconscientemente.

6) Essa conscientização de Deus em nós, por si só fará do aprendiz um verdadeiro discípulo no momento mesmo em que ela se efetivar no seu mundo interno; e se essa conscientização for sincera e profunda, integrará logo o discípulo na eternidade do seu destino, sem possibilidade de retrocesso. Tal é o poder que possui a partícula divina de desencadear em si mesma sentimentos do Bem e do Amor universal que nela existem em potencial, desde sua criação na mente divina!

7) Mas essa conscientização obriga os aprendizes, desde já, a uma conduta reta e justa, dia por dia, hora

por hora, acima de quaisquer outras preocupações espirituais, demonstrando, em relação ao próximo, amor, perdão, solidariedade e, ao mesmo tempo, desprendimento em relação aos interesses do mundo material, sem jamais visar recompensas pelo bem que fizerem, porque o prêmio do seu trabalho há de ser a posse das qualidades ou das virtudes morais que os dignificam, permitindo maior comunhão com Deus e mais íntima integração com Jesus, nosso redentor.

8) Se somos a luz de Deus evoluindo na matéria; se temos fé profunda de estarmos unidos ao Divino Mestre, tudo o mais, de sentido material, passa a um plano secundário, nada mais restando que a vivência cuidadosa e permanente do Evangelho e sua exemplificação constante no meio social, para apressarmos nossa evolução a limites imprevisíveis.

Esta é a realidade da iniciação, o ideal do discípulo, seu anseio de libertação; e o fruto precioso que desde já pode colher é a integração nas hostes valorosas, do Bem que se batem pela vitória do Cristo na Terra.

Nas Escolas de Aprendizes do Evangelho foi ensinado, desde o início, que a evangelização desenvolve faculdades mediúnicas, pelo gradativo aumento da sensibilidade individual, isto é, da percepção psíquica.

À medida que o tempo passa e nos aproximamos do selecionamento cíclico, esses dois fatores – evangelização e mediunidade – vão se tornando mais e mais importantes, pois, tanto um como o outro, devem ir se *transformando em vivências,* porque, por meio deles, o discípulo ao mesmo tempo que evolui, serve aos semelhantes e exemplifica o Consolador prometido por Jesus, transformando-se nele próprio.

A vivência evangélica, em sentido religioso, e a mediunidade, em sentido técnico, ambas exigem o mesmo devotamento, assiduidade de esforço, perseverança e humildade.

E se, no sentido geral, a essa dualidade de vivências juntarmos as atividades do labor científico, o progresso espiritual do servidor se valorizará ainda mais, permitindo maior penetração nos problemas naturais e maior dinamismo nos atendimentos. Neste caso, se a religião se abre para acolher a ciência, e esta se apressura ao seu encontro, por fim caminharão juntas para os triunfos finais da evolução na Terra.

O ciclo evolutivo de Peixes, a encerrar-se agora, tem o caráter de amor, bondade, perdão, redenção, enquanto que o próximo ciclo, o de Aquário, se caracteriza por conhecimento, expansão, fraternidade; e os mesmos homens, evoluindo, realizarão os dois.

Os ciclos evolutivos cristãos se sucedem em períodos de cerca de 2.000 anos e, neste atual, o sentido religioso é o elemento mais importante, cabendo-lhe guiar os homens à redenção, com base nos ensinamentos crísticos.

Para apurar os resultados do esforço evolutivo, ou das tendências humanas dominadas por valores negativos neste período, é que haverá o selecionamento predito para o transcurso deste milênio, quando então se abrirá o novo ciclo de mesma duração.

Os acontecimentos que se darão proximamente neste final de período, desde vários anos anunciados ao mundo e ultimamente confirmados por instrutores credenciados e conhecidos, estão sendo reafirmados agora por outras entidades, por meio de processos de comunicação mais bem estudados, elaborados e adotados.

Segundo eles, ocorrerão impressionantes transformações genéticas, profundas alterações de clima, confusões de estações, destruição generalizada de colheitas, por efeito de secas intermináveis e impiedosas, e outras muitas calamidades já conhecidas, como: vulcões em muitos lugares, com terríveis abrasamentos atmosféricos, deslocação do eixo da Terra e submersões de regiões continentais nos oceanos, ao mesmo tempo que surgimento de regiões novas, como, aliás, já tem acontecido desde os tempos primitivos.

Em consequência dessas calamidades, haverá grande êxodo de populações, misturas de raças, unificações e separações, correrias e desesperos, que ocorrerão de forma terrível, ante a violência, a rapidez e a inevitabilidade dos acontecimentos.

Poucos sobreviverão aos cataclismos anunciados e, após o caos, desesperadamente prolongado, ressurgirá o mundo com uma nova vida, mais perfeita, de regeneração espiritual, e novos planejamentos sociais serão estabelecidos segundo as necessidades do momento, porque, é fácil perceber que, após tudo isso, a humanidade que habitar a nova terra receberá o planeta em estado de ruínas, devendo ser amplamente reconstituído, para que se torne habitável, em nunca menos que um século.

Novos mundos surgirão ao lado da Terra, verdades novas serão reveladas, nova ciência se estabelecerá, cabendo aos sábios de então organizar o intercâmbio entre seres e mundos, ultrapassada a aparelhagem atual e já então tornada obsoleta e imprópria para servir a um mundo renovado, pacífico e espiritualizado.

Após o selecionamento, na vida do Terceiro Milênio, não haverá mais escravidão ao carma ou será ele muito diferente, porque o planeta não será mais de expiações e de provas; não existirão mais doenças e o clima será estável, ameno e benigno, como é natural que seja.

Segundo autores, um ponto crítico marcante da transição terá início às voltas de 1984, quando o astro interveniente já fará sentir sua presença de forma objetiva. Serão quatro anos rápidos de espera[9].

Desde muitos anos, o respeitável instrutor Ramatis tem fornecido dados a respeito, indicando a vinda de habitantes de outros orbes que virão agora, como vieram

---

[9] Como se sabe, esses autores se equivocaram no mínimo quanto à data (Nota da Editora).

antes os de Capela, de Vênus e de Júpiter, para nos ajudar nos dias difíceis que se aproximam, como socorristas, para nos orientar durante os cataclismos que vão se abater sobre a Terra.

Virão em enormes aparelhos metálicos aéreos que causarão espanto, como já estão causando, e causarão mesmo distúrbios em nossa atmosfera, sobretudo no seu tráfego que, se hoje já é apreciável, muito mais o será nessa ocasião, pelas necessidades do intercâmbio crescente entre nações.

Estudos realizados constataram a presença e o trânsito de verdadeiras esquadrilhas de naves aéreas nas partes altas da nossa atmosfera, inclusive de naves-mães, de maior porte, destinadas a serem oficinas de reparos, estações de pouso e repouso, espécies de aeroportos, e os ministérios de aviação europeus e americanos possuem cabedal copioso de documentação, inclusive fotográfica, dessas naves, quando descem e se aproximam da crosta da Terra em missões de reconhecimento e vigilância. As mais perfeitas fotografias foram tiradas pelas espaçonaves que foram à lua ultimamente e se assombram os técnicos pelas características avançadas de navegação e pelo enorme tamanho que possuem.

À medida que os dias vão passando, essas naves vão ficando familiares a nós, perdendo o aspecto misterioso e fantástico que possuem hoje[10].

---

[10] Os estudos a que se refere o autor até hoje ainda não têm confirmação oficial dos governos mencionados (Nota da Editora).

6
O MILÊNIO À VISTA

Do Plano Espiritual e de outras origens do nosso próprio plano material, multiplicam-se as advertências sobre as alterações que se produzirão proximamente.

Dizem elas: aos abalos que as bombas atômicas estão produzindo na estrutura da Terra, somam-se as flutuações do setor espiritual, pelas inibições das atividades religiosas e a desordenada expansão do materialismo científico.

Este, entretanto, deixará sua negatividade e passará a crer e aceitar as verdades espirituais, por força dos sofrimentos coletivos, das privações, dos sacrifícios a que serão todos os seres submetidos, sem nada poderem fazer para evitá-los.

Para compreender melhor a precariedade da situação do globo (mesmo referindo-se unicamente a um setor isolado), basta considerar que 25% do elemento vital – a água existente – estão contidos nas profundezas subterrâneas do globo; 75% nas massas geladas que cobrem os polos e as altas cordilheiras; e somente uma mínima parte de 0,30% é utilizada para as inúmeras necessidades da vida na superfície do globo, formados pelos oceanos, os rios, os lagos, as fontes, sendo que esse mínimo disponível está sendo atualmente contaminado pela crescente e inevitável poluição.

Pois um dos cataclismos, dizem, previsto para este tempo é, justamente, o degelo das massas polares e montanhosas que, como a própria ciência verificou, já está se iniciando.

Se a isso se juntar o movimento das massas ígneas do interior do globo na direção dos polos, esse degelo será muito mais rápido e violento. Mas se a movimentação do magma, animada por pressões exteriores, tomar outros rumos, então um grande número de vulcões explodirá por esses lados, antecedidos por violentos terremotos e terrível calor.

E como, segundo também está predito, além desses fenômenos, haverá outros, atmosféricos, ou ainda outros, provocados pelos próprios homens como violências, guerras, inclusive nucleares, e tudo isso produzirá mortandades inconcebíveis, com desencarne coletivo de bilhões de seres.

Assim sendo, quando for se estendendo no céu a escuridão, pela interposição de astros entre a Terra e o Sol, a crosta se abrir em abismos insondáveis, e vastas regiões da Terra forem submergidas pelas águas, ver-se-á então como em minutos se destruirão esforços enormes de civilizações milenares.

Tudo isso já está sabido e previsto, mas, nessas horas difíceis, para quem poderão os homens apelar? Para os poderosos da Terra, tão apavorados quanto eles próprios? Para os cientistas, via de regra orgulhosos e negadores, que se desviaram dos rumos certos e legítimos e muito concorreram para o desencadeamento desses males? Esses mesmos que negaram a Deus, cujo culto consideraram mera formalidade ou superstição? Para as religiões dogmáticas, afastadas das verdades espirituais e decadentes?

Para nada e para ninguém haverá apelações nessa hora terrível do ajuste de contas, do selecionamento da humanidade para a formação de uma Terra mais feliz, de uma realidade espiritual mais perfeita e permanente.

O que preocupa atualmente as Entidades espirituais encarregadas das revelações novas a serem feitas, é imprimir às doutrinas da Terra orientações mais acertadas e justas, esclarecimentos positivos e diretos das verdades, inclusive nas realizações práticas que deixam muito a desejar, por serem divergentes, sem unidade, sem alvo mais elevado que a rotina improdutiva de uma exterioridade enganadora, face à grandiosa tarefa que deveriam desempenhar na Terra.

Assim sendo, melhor não será que os homens incrédulos e os crentes, anestesiados em irrealidades, desde já se voltem para o Criador Supremo, para Jesus e seus mensageiros espirituais, aproximando-se deles de coração aberto e humilde, tentando desde já uma preparação melhor e mais eficiente, para enfrentarem os momentos espiritualmente graves e decisivos que se aproximam?

E que melhor decisão que a evangelização nas Escolas de Aprendizes do Evangelho que podem oferecer agasalho, apoio e encaminhamento adequado e proveitoso, ou outras instituições espíritas evangélicas capacitadas a um proveitoso encaminhamento espiritual?

O tempo urge, amigos, e as leis de Deus são irrecorríveis. É bom lembrar disto.

7
INFLUÊNCIA DO AMOR

Na vida espiritual, diz o Instrutor, o amor é a luz ambiente natural e, ao Espírito que se evangeliza, esse ambiente se abre para acolhê-lo carinhosamente, na medida justa das afinidades vibratórias essenciais e do quanto sirva ao Divino Mestre com desprendimento e sinceridade.

"Quando souberes amar, acrescenta, sereis dignos da vida nas esferas espirituais superiores, onde o amor é a luz circundante."

Como Espíritos ainda em precárias condições evolutivas, participamos da criação divina em mundos baixos, mas beneficiamo-nos dessa imensa energia imanente no cosmo, que age vitalizando os seres e impulsionando a sua movimentação.

Dessa força criativa fundamental podemos nos utilizar desde já, farta e confiadamente em nossos labores evolutivos, neste planeta ou em quaisquer outros onde vivermos, porque o mundo fenomenal existe como palco para as manifestações da vida, das partículas inteligentes e tudo lhes é dado pelo Criador para evoluírem dentro das leis universais preexistentes.

Resgatadas as nossas dívidas e purificados os nossos corpos, de muitas inferioridades e limitações nos libertamos, porém, ainda lutaremos muitas vezes com as próprias dúvidas, percebendo que todo esse esforço não bastou para atingir os fins visados de progresso espiritual, paz e segurança, porque são sempre falíveis e efêmeros os fatos do mundo material, efêmeros e enganadores porque, se julgarmos muita coisa termos feito, resta saber se o fizemos com a devida perfeição, e, ainda mais: se fizemos tudo o que podíamos e devíamos fazer.

Mas, nos mundos espirituais, quando desencarnamos com nossos resgates cumpridos, nossas tarefas encarnativas realizadas e o Espírito enobrecido nos embates da sobrevivência, da fidelidade aos ideais e aos esforços da evangelização, então poderemos ver que finalmente conquistamos posição de estabilidade e segurança relativas, conquanto ainda não definitivas, porque não há nada de final e absoluto, na evolução infinita, exceto Deus.

Mas também é certo que a felicidade espiritual conquistada é agora indestrutível e jamais a perderemos enquanto progredirmos, porque é patrimônio nosso, inalienável, que o Pai nos reserva na Sua criação maravilhosa de amor eterno.

8
COMPARANDO VALORES

Os homens comuns são sempre os que tomam no mundo os primeiros lugares, diz o Instrutor, porque este é um mundo de coisas imperfeitas. Esbravejam, gritam, arremetem contra os semelhantes, emitindo de seu íntimo aquilo que possuem em abundância, a saber: desamor e agressividade. Esta é uma evidência também comum.

Mas vejamos agora como falam as entidades espiritualizadas e como julgam as coisas do mundo e dos homens; ouçamos esta mensagem do venerável guia Razin, transmitida em 1973, ano da criação da Aliança, e que aqui transcrevemos.

"Que nosso pastor, o guardião de nossas almas, o mentor de nossas mentes, o orientador de nossa palavra e inspirador de nossos atos, esteja conosco.

Vamos procurar mergulhar bem profundamente em nós mesmos, em busca das pequenas raízes de inferioridade que ainda permanecem em nós, como herança que trazemos ao longo dos tempos.

Vamos, com esforço ingente, lutar, tentando arrancá-las, para que o terreno fique livre e possa ser posto a mercê das sementes que o Senhor queira lançar nele.

Vamos estudar o passado longínquo, enfrentá-lo firmemente, como se estivéssemos a nos observar num espelho cristalino e olhar a imagem que ali se reflete e perceber o quanto ela ainda corresponde a esta que no presente já conquistamos.

Mas veremos também que os traços se adoçaram, o fulgor da revolta em nossos olhos é menos vivo, que nossas mãos se engalfinham mais raramente e nossos punhos, contraídos, já não se levantam para abater...

Vamos verificar que nosso andar agressivo já se faz mais leve e tranquilo, denunciando mais calma, sem deixar em nosso rastro poeira levantada e olhares lacrimosos.

Vamos procurar tornar nossa postura mais tranquila, mais acolhedora e mais serena, pois que a autoridade não nos vem de nossa atitude arrogante e irrefletida, mas que podemos dominá-la tranquilamente assentados, conservando as mãos cruzadas no regaço.

Olhemos o mundo com serenidade e com doçura; não é preciso perscrutar ostensivamente para compreender, porque a atitude indiscreta e impertinente obscurece as realidades, que assim se esvairão e se perderão sem esperanças de que novamente retornem.

Vamos trocar o brilho enganosos do metal pelas cintilações internas, para que o que houver de riqueza em nós esteja no íntimo da alma e não no exterior poluído.

Vamos fazer com que a túnica singela que nos envolve tenha toda a dignidade e a distinção do que é digno, sem o brilho falso da ostentação, que fere os olhos e magoa o coração.

Que a paz do Senhor esteja em nosso íntimo, pois somente assim ela existirá em nosso redor e assim possamos levá-la para onde formos.

Que nosso Senhor, pastor e amigo zeloso, possa permitir que nos refugiemos ao pé de si, reservando para nós um pequeno canto em seu aprisco. E que assim seja."

Amor e humildade é o que se resume desta comovente mensagem.

Ouçamos agora a voz autorizada de outro irmão nosso que nos diz:

"Não se turbe o vosso coração: crede em Deus, crede também em mim (João 14:1).

Vemos que o Mestre não se limitou a recomendar paz e serenidade interior aos seus seguidores, mais ainda, ofereceu-se como acessível intermediário entre nós e o Criador, isso porque, sabia Ele, ser-nos-ia impossível alcançar, ainda que pelas mais fervorosas preces, ligação direta com Deus nos atuais primeiros degraus da escala evolutiva.

Somos todos Espíritos necessitados do mais avançado esclarecimento espiritual, reconforto, encorajamento e pacificação interior e, ainda, de conscientização em nossos propósitos de vencer o mal, de que conservamos fundas raízes em nosso íntimo, para que possamos nos aproximar do Criador. E não apenas o Mestre se coloca ao nosso lado como intermediário entre nossa fraqueza e a divina onipotência, mas, ainda, contamos com legiões inumeráveis de irmãos nossos, medianeiros entre nós e o próprio Cristo. É uma esplêndida corrente a se estender pelo infinito, da mônada primitiva à suprema Luz Criadora e Incriada.

Mas alguém, tendo conhecimento de tal cadeia, formada por incontáveis Espíritos em infinitas gradações de progresso, perguntaria: haverá um ponto final nessa progressão? Chegaremos um dia a dizer: alcancei a perfeição absoluta? Nada mais me resta adquirir, ou haverá continuamente novos degraus a subir e talvez imperfeições a vencer?

Sabemos que o Espírito alcança uma perfeição relativa, que lhe permite possuir sentimentos de amor e fraternidade, sem sombra de egoísmo, e entendimento e sabedoria sem traço de inferioridade. Mas em certo sentido jamais chegaremos a um ponto final em nossa caminhada evolutiva; *e é na relativa compreensão que nos é facultada a suprema realidade: Deus*.

Se viajássemos por toda eternidade percorrendo o espaço infinito, jamais chegaríamos ao fim de nossa jornada; da mesma forma, nossa aquisição de conhecimento, de entendimento da Divindade, infinita em poder em todos os seus atributos, nunca terá termo.

E nada poderíamos desejar de mais maravilhoso que o constantemente renovado entendimento da suprema sabedoria e infinita perfeição de Deus na esplêndida jornada evolutiva por Ele preparada para todas as Suas criaturas."

9
REALIDADE

Guardemo-nos, porém, de ilusões: encarnados, lutamos bravamente para tomar nosso lugar ao sol, conquistar posição social que nos assegure a posse de um lar, uma família; lutamos para adquirir bens e recursos que nos garantam vida normal com alimento, agasalho e inúmeras outras coisas indispensáveis à vivência material e ainda lutamos depois para conservá-los, defendendo-os de imprevistos ou de aproveitadores que pululam na sociedade formada em largas áreas, por indivíduos mal-intencionados. Sabemos que neste campo tudo nos será dado pelo Pai, com as limitações próprias da lei do Carma. E, após tudo isso, ao morrer, para os reajustes periódicos do Espírito, devemos renascer de novo, prosseguindo no aprimoramento espiritual, sem o que nossa evolução ficaria estagnada, até que possamos escapar das reencarnações punitivas, passando a viver em mundos melhores.

Essa é a perspectiva modesta de todos nós que ainda mourejamos e sofremos nos mundos de evolução retardada, dentre os quais a Terra se destaca pela inteligência e pelo desamor.

E encerramos este livro transcrevendo a nossa mensagem gravada para a reunião anual da Aliança, quando mais de trezentos novos discípulos, inclusive de outros países irmãos da América Latina, receberam sua honrosa investidura.

"Companheiros e irmãos.

Desde quando nos reunimos nesta mesma data, o ano passado, neste mesmo lugar, para fraternizar e ajustar melhor as nossas atividades como trabalhadores do Cristo, fraternizarmo-nos em Seu nome e traçarmos mais amplas diretrizes de trabalho dentro das finalidades desta Aliança, abençoada pelos poderes espirituais; revigorar nossas forças e assegurar a execução mais perfeita de nossas dignificantes tarefas; e voltando a nos encontrar hoje, podemos notar que neste curto período de tempo o mundo prosseguiu rapidamente pelos caminhos da violência, da desagregação e do desamor, na hostilização recíproca de indivíduos e de coletividades frontalmente contrárias à fraternidade cristã que cultuamos e difundimos, podemos afirmar, sem nenhum espírito de crítica ou menosprezo, que, por causa das maldades dos homens, o mundo aceleradamente se precipita na voragem do sofrimento, da descrença e da insensatez.

É a constatação deste fato que nos leva a considerar a necessidade da intensificação cada vez mais ampla de nossos labores, para melhor servir os semelhantes e mais eficientemente realizar a difusão do Evangelho do Divino Mestre, por sabermos que esta é a mais perfeita e poderosa arma de que a humanidade pode dispor para se esclarecer ante as verdades espirituais, fugir do mal, mudar de rota e enveredar, enquanto é tempo, pelos caminhos da salvação, refugiando-se nos ensinamentos redentores de amor, paz, entendimento e perdão que o Evangelho oferece.

De cada vez que nos reunimos, devemos reforçar as nossas decisões, aprimorar as nossas atividades, retemperar as nossas energias morais, para nos tornarmos, dia por dia, mais capazes de fazer efetiva e virtuosa a tarefa santa que nos cabe realizar como trabalhadores cristãos, servidores da humanidade, cada vez mergulhada mais fundo nas sombras traiçoeiras do mundo material.

Mas se tudo está rapidamente mudando ao nosso redor e exatamente para pior, conforme as previsões feitas pelos devotados Instrutores espirituais que bondosamente nos assistem, como trabalhadores de Jesus não podemos mudar, pois que eterno é o Evangelho e eternas as verdades que ele contém, como a luz que ilumina as sombras do mundo material, os raios de esperança que perpassam nos corações humanos e o farol que brilha, indicando sempre o rumo certo da salvação.

Todos nós, que lutamos pela difusão dos ensinamentos de Jesus, que resistem ao tempo e se tornam cada vez mais oportunos e benéficos para as multidões de seres humanos necessitados de orientação e de amparo moral, devemos permanecer inabaláveis em nossas tarefas, no esforço da exemplificação, como semeadores que somos de sementes fecundas de fé, de esperanças, de bondade e de perdão, que são alimento e vida de infelizes e desamparados.

Pela fé que nos anima e o amor que devotamos ao Mestre, nos transformaremos em combatentes fiéis e desassombrados das legiões invencíveis e salvadoras que lutam nesta mesma batalha em todos os cantos da terra e do céu.

Nesta data tão significativa e memorável, que assinala o 6º ano de vida da Aliança Espírita Evangélica, vemo-la hoje mais unida e robusta, mais rica de experiências, cada vez mais bem preparada para atingir suas metas benignas de núcleo agremiador de todos quantos colocam a espiritualização cristã acima de qualquer outra preocupação doutrinária.

É com sincera alegria que saudamos a todos os companheiros, sobretudo os que vêm de países e lugares mais distantes e, sob cujas mãos diligentes, o Evangelho vai se difundido e lançando raízes vigorosas. Nessas filiais abençoadas de trabalho comum, a capacidade realizadora, dia por dia, deve ser mais porfiada na humildade, na compreensão e na perseverança.

Peçamos a Deus e ao Divino Mestre que abençoem os esforços que todos despendem para se evangelizarem e levarem a luz aos que dela necessitam.

E que o ano que vem, nesta mesma data, ao nos encontrarmos de novo, estejamos todos nós ainda mais fortalecidos, engrandecidos no amor que nos une, na responsabilidade dos compromissos comuns assumidos com o Divino Mestre, na alegria do dever cumprido e na segurança da cobertura espiritual que nos vem dos planos mais altos da espiritualidade. Cobertura que é, ao mesmo tempo, defesa para a sobrevivência e força redobrada para o prosseguimento da batalha do bem contra o mal.

O sentimento de humildade, união e confiança nos poderes do Alto; a lealdade, a ajuda recíproca entre todos nós, estes são valores espirituais inapreciáveis, garantia positiva de nossa união com Jesus; são as forças que nos amparam na luta pela vitória da Aliança, que é a vitória de nosso próprio ideal doutrinário e evolutivo.

Cada trabalhador tem sua parte na responsabilidade global pela sustentação estrutural e funcional da Aliança, que é o sentido mais alto, o significado mais puro, a garantia mais sólida de nossa união com o Divino Mestre, o elemento mais probante de nossa capacidade espiritual realizadora de conquista de uma vida melhor e mais feliz amanhã.

Como trabalhadores responsáveis perante o Divino Mestre pelo Evangelho, que é o modelo sagrado a ser seguido, e para provar que merecemos e inspiramos respeito e confiança recíprocos, cabe-nos exemplificar antes de mais nada entre nós mesmos as virtudes da humildade, da compreensão e da sinceridade; o amor que nos une afasta de nós qualquer pensamento ou procedimento menos digno, e assim lutaremos todos bem unidos para sustentarmos de todas as maneiras a Aliança, palco terreno que recebe e glorifica o nosso esforço e o transforma em luzes e bênçãos que iluminarão os nossos caminhos no futuro.

Irmãos.

Onde quer que estejam os trabalhadores do Cristo podem desenvolver confiadamente seu meritório trabalho, contando sempre com a assistência espiritual do Alto, visto que ele é feito no campo delicado e recôndito da alma e dos sentimentos.

Parafraseando conceitos de respeitável Benfeitor espiritual, esse trabalho deve dirigir-se preferentemente aos corações humanos.

Esse é o filão precioso que rastrearemos em busca das gemas cobiçadas, que devem ser em seguida cuidadas, purificadas, para serem distribuídas aos necessitados inumeráveis que afluem de toda parte, e sem nenhum sentimento de separação ou de exclusivismo, porque este é o caráter da evangelização cristã que motivou a criação da própria Aliança, em 1973.

Estas gemas são as virtudes morais, ornamentos potenciais que, geralmente, permanecem escondidas na rocha dura da materialidade, até que sejam trazidas à luz do sol e buriladas pelos sofrimentos e os desenganos do mundo, nos embates da vida material grosseira e cruel, até que resplendam por fim como joia preciosa ao termo dos dias, nos páramos espirituais superiores.

As virtudes da alma encobertas pela matéria grosseira e que ao toque do calor humano, do amor desinteressado e confortante, e dos esclarecimentos espirituais, desabrocham e se sobrepõem às fraquezas, às inferioridades, à ignorância, asseguram as mudanças dos Espíritos que se iluminam e se incorporam às legiões que seguem o Divino Mestre na sua grandiosa e difícil tarefa de redenção da humanidade terrena.

Irmãos.

A Aliança atingirá os pontos mais altos de sua finalidade quando, não só os grupos integrados, mas, também, seus trabalhadores, viverem estas verdades e pautarem por elas sua compreensão e seus procedimentos com inalterável sinceridade, com desprendimento e renúncia em relação a personalismos, ambições e qualquer outra espécie de interesse pessoal dominante, próprios do homem encarnado neste orbe, superando-se a si mesmos; enquanto seus membros não formarem entre si uma união inquebrantável de fraternal convivência, construindo cada um, pessoalmente, um elo indissolúvel da própria aliança que lhe forma o nome, porque não basta crer somente, e o desejar, mas exemplificar, como todos nós sabemos, os ensinamentos do Evangelho do Senhor.

Valemo-nos do ensejo para demonstrar nossa gratidão pelo esforço pessoal e prolongado de todos quantos, diretores e trabalhadores, concorreram para que neste 6º aniversário a Aliança tenha atingido um ponto de segurança, com seus programas e finalidades em franca execução, pedindo ao Pai que possamos prosseguir cada dia com mais firmeza e segurança, na rota inicialmente traçada e abençoada pelo Plano Maior.

A Aliança está se expandindo largamente para além de sua sede metropolitana, e essa expansão não deve ser prejudicada, mas auxiliada em benefício de quantos ainda não a conhecem; e quando tudo isso acontecer, dentro dela e no coração de todos nós, o Divino Mestre estará espiritualmente integrado e nesta Aliança fará sua morada, porque estará na Sua casa e no Seu templo.

Com a visão deste futuro feliz, rogamos a Deus que nos permita desde já essa felicidade e uma alegre antecipação na esperança que sustenta, na luz que esclarece e no amor que constrói para a eternidade.

E que assim seja."

Nelson Moraes

Roqueiro famoso, surpreendido pela morte prematura causada pelo uso abusivo de álcool e de drogas, se vê diante de uma realidade que jamais imaginara.

Romance Espírita

14 x 21 cm | 128 páginas

Para onde vão as crianças? De que forma somos protegidos das "balas perdidas", dos acidentes, das enfermidades... Quais as consequências espirituais do aborto? Como conquistar a paz e a segurança? Saiba tudo isto e muito mais!

14 x 21 cm | 128 páginas

Contos e Crônicas

"Perdoa-me, se na minha ignorância feri você. Talvez eu tenha sido um crítico muito severo, detendo-me apenas nas observações dos seus erros e falhas, esquecendo das enormes qualidades que você possui..."

14 x 21 cm | 128 páginas

Espiritismo

Saara Nousiainen

Tudo sobre o mundo espiritual e seu inter-relacionamento conosco, nos milenares processos evoluti vos do ser humano e da vida.

11,5 x 14,5 cm | 208 páginas

Espiritismo

Nesta obra, a autora, de forma simples, direta e elucidativa, aborda diversos temas relacionados à Doutrina Espírita, utilizando o método de perguntas e respostas.

14 x 21 cm | 256 páginas

Espiritismo

Trilogia

Edgard Armond

14 x 21 cm
192 páginas

Espiritismo

Um clássico da literatura espírita, é uma obra extraordinária que cuida das grandes indagações dos homens acerca do início da humanidade.

14 x 21 cm
160 páginas

Espiritismo

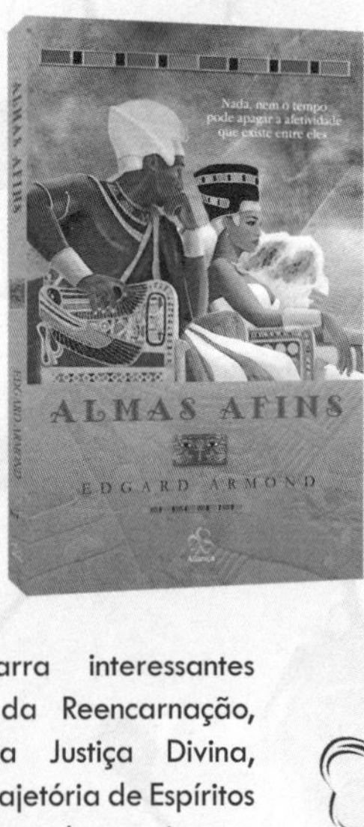

Este livro narra interessantes aspectos da Lei da Reencarnação, do Carma e da Justiça Divina, acompanhando a trajetória de Espíritos afins desde os tempos dos continentes submersos da Lemúria e Atlântida.

14 x 21 cm
128 páginas

Espiritismo

Todas as ações humanas ficam registradas no Plano etéreo, na forma de gravações akásicas, para auxiliar o esforço educativo das almas.

Aliança